Testbuch Allgemeinbildung für Dummies

Testbuch Allgemeinbildung für Dummies

Bearbeitet von Geesche Kieckbusch

WILEY

WILEY-VCH Verlag GmbH & Co. KGaA

Bibliografische Information der Deutschen Nationalbibliothek
Die Deutsche Nationalbibliothek verzeichnet diese Publikation in der Deutschen Nationalbibliografie; detaillierte bibliografische Daten sind im Internet über http://dnb.d-nb.de abrufbar.

2. Auflage 2019

Coverfoto: © adistock – Fotolia.com
Korrektur: Harriet Gehring
Satz: Beltz Bad Langensalza GmbH, Bad Langensalza
Druck und Bindung: CPI books GmbH, Germany

978-3-527-70958-8

Cartoons im Überblick

von Christian Kalkert

Seite 17

Seite 69

Seite 119

Seite 171

Internet: www.stiftundmaus.de

Wissenshungrig?

Wollen Sie mehr über die Reihe ***... für Dummies*** erfahren?

Registrieren Sie sich auf www.fuer-dummies.de für unseren Newsletter und lassen Sie sich regelmäßig informieren. Wir langweilen Sie nicht mit Fach-Chinesisch, sondern bieten Ihnen eine humorvolle und verständliche Vermittlung von Wissenswertem.

Abonnieren Sie den kostenlosen
... für Dummies-Newsletter:

www.fuer-dummies.de

Entdecken Sie die Themenvielfalt
der *... für Dummies*-Welt:

- ***Computer & Internet***
- ***Business & Management***
- ***Hobby & Sport***
- ***Kunst, Kultur & Sprachen***
- ***Naturwissenschaften & Gesundheit***

Inhaltsverzeichnis

Einführung

Herzlichen Glückwunsch zum Kauf dieses Buches. Das erst einmal vorneweg. Hier werden Sie viele (genau genommen sind es exakt 1000) Fragen finden, mit denen Sie Ihre Allgemeinbildung überprüfen können. Wir haben extra darauf geachtet, dass wir Ihr Wissen möglichst breit abfragen; wenn man so will, geht es hier also um allgemeine Allgemeinbildung. Sie werden aber auch die Möglichkeit haben, Ihr Allgemeinwissen in einzelnen Bereichen zu testen. Aber es geht nicht nur um das Testen, das hört sich so sehr nach Prüfung an. Sie werden sehen: Wissen kann Spaß machen und das auch jenseits des »Klugscheißens«. Manches Wissen soll auch schon den einen oder anderen zum Schmunzeln gebracht haben. Zudem wird es nach und nach in jedem Bereich einfacher, sich Wissen anzueignen, denn wenn Sie sich erst einmal ein Wissensgerüst aufgebaut haben, dann ist es nicht mehr ganz so schwer, sich neues Wissen anzueignen. Stellen Sie sich das wie einen Setzkasten vor: Sie müssen erst das Grundgerüst mit vielen kleinen Kästchen bauen, das mag mühselig sein, aber dann können Sie ohne große Mühe viele schöne Dinge dort hinstellen und sich an ihnen erfreuen.

Konventionen in diesem Buch

Dieses Buch hat drei Teile mit Fragen: leichte, mittelschwere und schwere Fragen. Die Fragen sind durchgehend nummeriert. Innerhalb der Teile sind die Fragen noch einmal nach Themen aufgeteilt. Dort finden Sie Fragen zu Geschichte, Religion und Philosophie, Sprache und Literatur, Musik, Kunst, Geowissenschaften, Biologie, Physik und Chemie, Technologie und Mathematik, Politik und Gesellschaft, Wirtschaft und Recht, Freizeit und Unterhaltung. Zu jeder Frage gibt es vier Antwortmöglichkeiten, sofern nicht in den Antwortmöglichkeiten speziell angeführt, ist immer nur eine Antwort richtig. Im Anschluss an die Fragen finden Sie die Lösungen. Geben Sie sich für jede richtige Antwort einen Punkt. Die Auswertung schließlich bildet den Abschluss des Buches.

Törichte Annahmen über den Leser

Wir gehen davon aus, dass Sie Ihr Allgemeinwissen testen wollen. (Warum hätten Sie auch sonst ein »Testbuch Allgemeinbildung« kaufen sollen?) Ob das nun aus Langweile, privatem Interesse oder zur Vorbereitung auf einen Einstellungstest geschieht, ist für uns nicht weiter wichtig. Wir glauben auf jeden Fall, dass wir ein möglichst breites Wissensspektrum abgedeckt haben.

Wie dieses Buch aufgebaut ist

Wie jedes *...für Dummies*-Buch besteht auch dieses aus einzelnen Teilen. Genau genommen sind es derer vier. Etwas ungewöhnlich ist, dass Sie in diesem Buch nicht mit jedem Teil einfach anfangen können ohne die vorangegangenen gelesen zu haben. Das könnten Sie zwar schon, würde aber insbesondere im Fall des letzten Teils, der Auswertung, wohl nicht besonders sinnvoll sein.

Teil I: Leichte Fragen

Nun, es ist eigentlich relativ leicht erklärt, was Sie im ersten Teil finden, nämlich leichte Fragen und zwar wie oben erwähnt zu Geschichte, Religion und Philosophie, Sprache und Literatur, Musik, Kunst, Geowissenschaften, Biologie, Physik und Chemie, Technologie und Mathematik, Politik und Gesellschaft, Wirtschaft und Recht, Freizeit und Unterhaltung. Sollten Sie hier die eine oder andere Frage nicht beantworten können, dann ist das ganz gewiss nicht tragisch. Viele Fragen könnten genauso gut bei den schweren oder mittelschweren Fragen gelandet sein, es ist einfach Ermessenssache, was für leicht und was für schwer befunden wird.

Teil II: Mittelschwere Fragen

Ein Zacken schwieriger zu beantworten sind die Fragen in Teil II schon. Aber so richtig speziell sind sie auch nun wieder nicht. Nur zu, Sie finden hier Fragen zu den gleichen Themen wie im ersten Teil.

Teil III: Schwere Fragen

Nun, es mag sich banal anhören, und das ist es wohl auch: Diese Fragen sind im Schnitt die schwersten im Buch. Aber ganz sicher werden Sie die eine oder andere, in den einen Bereichen mehr und in den anderen vielleicht weniger, beantworten können. Nur zu, keine Scheu. Denken Sie dabei auch an eines: Fragen können nicht schwer oder leicht sein, entweder kennt man die Antwort oder man kennt sie nicht.

Teil IV: Lösungen und Auswertung

Hier finden Sie die richtigen Antworten auf die Fragen, das ist ja auch selbstverständlich. An der einen oder anderen Stelle finden Sie auch noch ein paar zusätzliche Informationen oder auch Eselsbrücken, die Ihnen helfen könnten, sich die richtige Antwort zu merken. Die Auswertung erfolgt einmal gesamt und einmal sortiert nach Themen.

Symbole in diesem Buch

Ein *...für Dummies*-Buch ohne Icons, das geht ja nun wirklich nicht, und so wollen wir Ihnen auch bei diesem Band mit Symbolen ein wenig unter die Arme greifen.

Hier finden Sie hoffentlich interessante Zusatzinformationen zu einer Frage. Diese sollen erstens diese ganze Frage-Antwort-Nummer ein wenig auflockern, und zweitens haben wir uns gedacht, dass es nett ist, wenn Sie beim Prüfen auch noch etwas lernen.

Dieses Icon werden Sie nur im Lösungsteil finden. Hier geben wir Ihnen Eselsbrücken oder andere Merkhilfen, die es Ihnen erleichtern sollten, sich die Antworten auf die entsprechenden Fragen zu merken.

Dieses Symbol kennzeichnet unterhaltsame Anekdoten. Sie brauchen diese zwar nicht zum Lösen der Aufgaben, aber verbunden mit einer interessanten oder lustigen Geschichte bleiben Fakten doch gleich viel besser im Gedächtnis.

Wie es von hier aus weitergeht

Jetzt kommen erst einmal die etwas leichteren Fragen. Wir fangen mit Geschichte an. Sie werden Julius Cäsar, Karl dem Großen und der Berliner Mauer begegnen. Also: Es wird spannend. Dann kommen Philosophie und Religion, Sie werden sehen, auch da werden Sie Ihren Spaß haben.

Teil I

Leichte Fragen

In diesem Teil ...

Kommen wir zum Einstieg erst einmal zu den etwas leichteren Fragen. Die Fragen sind in diesem und in den folgenden Teilen aufgeteilt in die Gebiete Geschichte, Religion und Philosophie, Sprache und Literatur, Musik, Kunst, Geowissenschaften, Biologie, Physik und Chemie, Technologie und Mathematik, Politik und Gesellschaft, Wirtschaft und Recht, Freizeit und Unterhaltung.

Geschichte

1. Die Menschheitsgeschichte beginnt nach heutigem Wissensstand in

a. Amerika
b. Australien
c. Europa
d. Afrika

2. Mit welchen Materialien arbeiteten die Menschen – chronologisch sortiert?

a. Kupfer, Bronze, Stein, Eisen
b. Stein, Kupfer, Bronze, Eisen
c. Bronze, Stein, Kupfer, Eisen
d. Eisen, Stein, Kupfer, Bronze

3. Auf welchem Kontinent bildeten sich in der Bronzezeit *keine* Hochkulturen aus?

a. Nordamerika
b. Südamerika
c. Afrika
d. Australien

4. Im Zweistromland fließen

a. Don und Wolga
b. Jangtsekiang und Huang Ho
c. Euphrat und Tigris
d. Tejo und Ebro

5. Welche Kultur wird *nicht* zu den Hochkulturen gerechnet?

a. Sumerer (4000 bis 3000 v. u. Z. bis 2004 v. u. Z.)
b. Glockenbecherkultur (2600 bis 1800 v. u. Z.)
c. Indus-Kultur (2800 bis 1800 v. u. Z.)
d. Olmeken (1500 bis 400 v. u. Z.)

6. Auf wie vielen Hügeln ist Rom erbaut worden?

a. 4
b. 7
c. 10
d. 16

7. Wer ermordete Julius Cäsar?

a. Nero
b. Kleopatra
c. Brutus
d. Augustus

8. Die Städte Trier, Köln, Bonn und Worms wurden gegründet von

- **a.** den Römern
- **b.** den Germanen
- **c.** den Kelten
- **d.** den Karolingern

9. In welchem Jahr wurde Karl der Große zum Kaiser des Frankenreichs gekrönt?

- **a.** 300
- **b.** 500
- **c.** 800
- **d.** 1200

10. Friedrich I. Barbarossa starb auf dem Kreuzzug 1190

- **a.** im Zweikampf mit Sultan Saladin
- **b.** an der Syphilis
- **c.** bei einem Badeunfall in der Südosttürkei im Fluss Saleph
- **d.** an einem Gewehrschuss in den Rücken

11. Warum stritten sich Papst und Kaiser im Mittelalter permanent?

- **a.** Es ging darum, wer denn nun die letztinstanzliche Macht haben sollte, die weltlichen oder die kirchlichen Herren.
- **b.** Es ging darum, wer denn nun Nachfolger Christi in Rom sein sollte.
- **c.** Es ging darum, wer denn nun die Landesfürsten wählen durfte.
- **d.** Es ging darum, wer denn nun über das Heilige Römische Reich regieren durfte.

Zu dem Streit zwischen Kaisern und Päpsten könnte man ganze Bücher füllen und viele Historiker haben das auch getan. Besonders erwähnenswert finden wir hier die Haltung von Papst Bonifaz VIII. Dieser war unter den nicht gerade durch Bescheidenheit glänzenden Päpsten des Mittelalters ein besonders herrschsüchtiges Exemplar. Einer Gesandtschaft des römisch-deutschen Königs Albrecht I. schleuderte er, als die Herrschaften nicht ganz so wollten wie er, entgegen: »Ich bin Cäsar, ich bin Kaiser.« Damit war die Front schon mal geklärt, zumindest von seiner Seite. Problematisch wurde es, als der liebe Bonifaz beschloss, mit dem französischen König ähnlich zu verfahren. Der fand das Verhalten des Papstes überhaupt nicht »groovy« und ließ diesen von seinen Schergen ordentlich verprügeln. Der stolze Bonifaz soll kurze Zeit danach aus Scham gestorben sein.

12. Anfang des 13. Jahrhunderts eroberte ein Reitervolk unter Dschingis Khan weite Teile Zentralasiens und Nordchinas. Wie heißt dieses Volk?

a. Tataren
b. Usbeken
c. Mongolen
d. Thai

13. Welche Stadt erreichte Marco Polo im Jahr 1266 nach seiner langen Reise?

a. Tokio
b. Peking
c. Kalkutta
d. Bangkok

14. Was versteht man im Mittelalter unter dem Schwarzen Tod?

a. Pest-Pandemie im 14. Jahrhundert
b. Begießung der Angreifer bei einer Belagerung mit Pech
c. Selbsttötung
d. Tod auf dem Scheiterhaufen als Ketzer

15. Für welches Land brach Kolumbus in die Neue Welt auf?

a. Portugal
b. Italien
c. Spanien
d. Frankreich

16. Im Reich Kaiser Karls V.

a. hat jeder einen Platz an der Sonne
b. geht die Sonne nicht unter
c. herrscht der Sonnenkönig
d. gibt es nichts Neues unter der Sonne

17. Wie viele Thesen veröffentlichte Luther 1517?

a. 90
b. 95
c. 50
d. 99

18. Welche Berufsgruppe revoltierte – beeinflusst durch die Reformation – 1525 gegen die Fürsten?

a. Bäcker
b. Schuster
c. Bauern
d. Fleischer

19. Christian IV., Gustav II. Adolf, Johann t'Serclaes Graf von Tilly und Albrecht Wenzel Eusebius von Waldstein (genannt Wallenstein) sind

a. Feldherren im Dreißigjährigen Krieg

b. Friedensstifter und Vermittler zum Westfälischen Frieden

c. Angehörige einer ketzerischen Sekte

d. Konquistadoren in Südamerika

20. Welcher amerikanische Präsident wohnte nie im Weißen Haus?

a. George Washington (1789–1797)

b. John Adams (1797–1801)

c. Thomas Jefferson (1801–1809)

d. James Madison (1809–1817)

21. Mit dem Sturm auf welches Gebäude in Paris begann die Französische Revolution?

a. Invalidendom

b. Versailles

c. Bastille

d. Oper

22. Marie Antoinette, die 1793 als Königin von Frankreich auf dem Schafott hingerichtet wurde, war eine Tochter von

a. Maria de Medici von Frankreich

b. Maria Theresia von Österreich

c. Maria Stuart von Schottland

d. Maria I. von England

Der guten Marie Antoinette wird gerne der Spruch in den Mund gelegt: »Wenn Sie kein Brot haben, dann sollten Sie doch Brot essen.« Immer wieder gerne zitiert, fängt diese Aussage doch so fein die damals angeblich vorhandene Missachtung der armen Bevölkerung durch den Adel ein. Das einzige Problem ist: Der Spruch stammt von Jean Jacques Rousseau und der hat ihn, allerdings kritisch gemeint, lange vor der Revolution zu Papier gebracht. Das Gerücht, dass Marie Antoinette das gesagt haben soll, stammt von ihren Kritikern, die sie schließlich auch noch auf den Schafott brachten. Deshalb sollte man sich bei solchen Aussagen historischer Persönlichkeiten immer fragen: Woher sollte ich heute wissen, dass die Person X das damals gesagt hat? Tonbänder gab es ja nicht, Stenographen ebenso wenig. Sehr häufig haben sich solche Zitate irgendwelche Menschen einfach ausgedacht.

23. Auf dem Wiener Kongress 1814/15 wurde vor allem

a. getanzt **b.** gesungen
c. gekämpft **d.** verhandelt

24. Was wurde 1871 im Spiegelsaal von Versailles gegründet?

a. die Deutsche Demokratische Republik **b.** das Deutsche Reich
c. die Weimarer Republik **d.** der Norddeutsche Bund

25. Wie wird der Krieg genannt, der von 1914 bis 1918 rund 17 Millionen Tote gefordert hat?

a. Vierjähriger Krieg **b.** Zweiter Weltkrieg
c. Erster Weltkrieg **d.** Europäischer Krieg

26. Wer kam nach der Oktoberrevolution 1917 in Russland an die Macht?

a. Kommunisten **b.** Demokraten
c. Faschisten **d.** Royalisten

27. Welche Partei ging aus den Reichstagswahlen vom 31. Juli 1932 mit 19 Prozent Stimmenzuwachs als stärkste Kraft hervor?

a. Sozialdemokratische Partei Deutschlands (SPD) **b.** Kommunistische Partei Deutschlands (KPD)
c. Zentrumspartei **d.** Nationalsozialistische Deutsche Arbeiterpartei (NSDAP)

28. Mit dem Angriff auf welches Land begann Hitler am 1. September 1939 den Zweiten Weltkrieg?

a. Tschechoslowakei **b.** Belgien
c. Dänemark **d.** Polen

29. Wie hieß die nationalsozialistische Jugendorganisation?

a. Hitler-Jugend **b.** Goebbels-Jugend
c. Nazi-Jugend **d.** Freie Deutsche Jugend

30. An welchem Tag kapitulierte Deutschland am Ende des Zweiten Weltkriegs?

a. 6. Juni 1944
b. 11. Februar 1945
c. 8. Mai 1945
d. 12. August 1945

31. Welcher Staat galt nach dem Ende des Zweiten Weltkriegs als Weltmacht?

a. USA
b. Sowjetunion
c. Großbritannien
d. Die Antworten a. und b. sind richtig.

32. In wie viele Besatzungszonen wurde das ehemalige Deutsche Reich aufgeteilt?

a. 2
b. 3
c. 4
d. 5

33. Wie heißt die Maßnahme, mit der der Wiederaufbau der Westzonen nach 1947 realisiert wurde?

a. Plan International
b. Marshallplan
c. Aktionsplan für nationalen Wiederaufbau und Entwicklung
d. New Deal

34. Was versteht man unter dem »Eisernen Vorhang«?

a. die Grenze zwischen dem demokratischen Westeuropa und dem kommunistischen Osteuropa
b. die Feindschaft zwischen Nord- und Südkorea
c. die Antipathie zwischen Konrad Adenauer und Charles de Gaulle
d. die Lücken zwischen den Sitzreihen der Parteifraktionen im Bundestag

35. Wer beseitigte nach dem Krieg den größten Teil des Kriegsschutts?

a. Trümmerfrauen
b. Trümmermänner
c. Recyclingfirmen
d. Bauwerksmechaniker für Abbruch und Betontrenntechnik

36. Wie heißt der erste Bundeskanzler der neu gegründeten Bundesrepublik?

a. Theodor Heuss
b. Konrad Adenauer
c. Kurt Schumacher
d. Wilhelm Pieck

37. Wie viele Jahre existierte die Berliner Mauer?

a. 32 Jahre **b.** 35 Jahre
c. 28 Jahre **d.** 41 Jahre

38. Wie wird die Jugendbewegung genannt, die gegen Bildungsnotstand, den Vietnam-Krieg und verkrustete Gesellschaftsstrukturen auf die Straße ging und politisch Einfluss zu nehmen begann?

a. die »65er«-Bewegung **b.** die »68er«-Bewegung
c. die Popper-Bewegung **d.** die Beat-Bewegung

39. Wie heißt die linksextremistische Terrororganisation, die in den 1970er und 1980er Jahren für Morde und Entführungen verantwortlich war?

a. RAF **b.** NSU
c. Narodniki **d.** Al-Qaida

Terrorismus ist nicht unbedingt etwas Neues. Ende des 19., Anfang des 20. Jahrhunderts wurden besonders viele Persönlichkeiten von Terroristen, genau genommen von Anarchisten, umgebracht: die berühmte Sissi zum Beispiel, auch ein amerikanischer Präsident (McKinley), ein russischer Zar (Alexander II.), ein französischer Staatspräsident (Carnot) sowie ein spanischer Ministerpräsident (del Castillo). Und das waren nur die bekanntesten Opfer.

40. An welchem Ort ereignete sich 1986 eine verheerende Reaktorkatastrophe?

a. Three Mile Island **b.** Fukushima
c. Sellafield **d.** Tschernobyl

41. Was bedeutet Glasnost und Perestroika?

a. Offenheit und Umstrukturierung **b.** Blut und Eisen
c. Nation und Staat **d.** Freiheit und Gleichheit

42. An welchem Tag fiel die Berliner Mauer?

a. 11. September 1989 **b.** 18. Oktober 1989
c. 9. November 1989 **d.** 3. Oktober 1990

43. Wer wird »Kanzler der Einheit« genannt?

- **a.** Helmut Schmidt
- **b.** Helmut Kohl
- **c.** Helmut Dietl
- **d.** Helmut Wunderlich

44. Die rot-grüne Bundesregierung, die von 1998 an regierte, zeigte Ansätze für richtungsweisende Veränderungen in der Sozial- und Gesundheitspolitik. Wie heißt ihr Konzept?

- **a.** Agenda 2010
- **b.** Volksgemeinschaft
- **c.** Einheit von Wirtschafts- und Sozialpolitik
- **d.** Wohlfahrtsstaat

45. Welches Gebäude wurde im September 2001 bei einem Anschlag von Al-Qaida komplett zerstört?

- **a.** U-Bahn-Station in Madrid
- **b.** amerikanische Botschaft in Nairobi
- **c.** World Trade Center in New York
- **d.** Flughafengebäude von Chicago

46. Wer wurde 2009 Präsident der Vereinigten Staaten von Amerika?

- **a.** Hillary Clinton
- **b.** Barack Obama
- **c.** George W. Bush
- **d.** Arnold Schwarzenegger

47. Wer wurde am 18. März 2012 Bundespräsident?

- **a.** Christian Wulff
- **b.** Horst Köhler
- **c.** Joachim Gauck
- **d.** Keine der Antworten ist richtig.

Religion und Philosophie

48. Wie wird ein Mensch genannt, der glaubt, dass es keine Gottheiten gibt?

- **a.** Agnostiker
- **b.** Atheist
- **c.** Orthodoxer
- **d.** Deist

49. Wie heißt der Göttervater der griechischen Mythologie?

- **a.** Hermes
- **b.** Jupiter
- **c.** Zeus
- **d.** Poseidon

Der Göttervater, nach dem hier gefragt wird, war kein klassischer Familienmensch. Erstens soll er seinen Vater zerstückelt haben. Allerdings wollte der ihn auch fressen. Außerdem hat er seine werte Frau Gemahlin alle Götternase lang mit Sterblichen betrogen. Ein netter Nebeneffekt: Die aus den Affären entstandenen Halbgötter haben die griechische Sagenwelt und das Kino um einige spannende Geschichten erweitert. Denken Sie nur an die hochwertigen italienischen Herkulesfilme der 60er Jahre.

50. Wo residiert der nordische Gott Odin?

a. Walhall
b. Nirwana
c. Olymp
d. Storting

51. Wie heißt die altägyptische Gottheit des Nils und der Fruchtbarkeit?

a. Helios
b. Osiris
c. Wischnu
d. Gilgamesch

52. Welche der folgenden Religionen ist keine monotheistische Religion?

a. Islam
b. Hinduismus
c. Christentum
d. Judentum

53. Wer baute ein Schiff, obwohl nirgendwo ein See oder Meer war?

a. Moses
b. Adam
c. Noah
d. Abel

54. Das Christentum feiert an Ostern

a. die Geburt von Jesus Christus
b. die Auferstehung von Jesus Christus
c. die Himmelfahrt von Jesus Christus
d. die Taufe von Jesus Christus

55. Was sollte man unbedingt tragen bzw. beachten, wenn man eine christliche Kirche besucht?

a. kniefreie Röcke
b. T-Shirts
c. kurze Hosen
d. Kopfbedeckung abnehmen (Männer)

56. Wie heißt der islamische Fastenmonat?

a. Kalevala **b.** Ramadan
c. Scharia **d.** Haskala

57. Buddha bedeutet

a. der »Erleuchtete« **b.** der »Erleichterte«
c. der »Wiedergeborene« **d.** der »Beleuchtete«

58. Welcher Fluss ist den Hindus heilig, um sich von Sünden reinzuwaschen?

a. Ganges **b.** Indus
c. Mekong **d.** Tigris

59. »Cogito ergo sum« bedeutet:

a. Ich denke, also konsumiere ich. **b.** Ich denke, also bin ich.
c. Ich bin, also denke ich. **d.** Ich weiß, dass ich nicht weiß.

60. Immanuel Kant ist berühmt durch

a. seine Absolute Deklination **b.** seinen Positiven Komparativ
c. seinen Kategorischen Imperativ **d.** seine Starke Konjugation

61. Welcher Ansatz gehört *nicht* zur Aufklärung?

a. Der Mensch soll sein Denken und Leben selbst bestimmen.
b. Der Mensch soll sich an interessengelenkte Vorgaben kirchlicher Obrigkeiten binden.
c. Wissenschaft soll gefördert werden.
d. Bildung soll in allen Schichten verbreitet werden.

62. Welche Frage stellt man sich, wenn es um Ethik geht?

a. Wer sind wir denn? **b.** Was können wir überhaupt wissen?
c. Was dürfen wir hoffen? **d.** Was sollen wir tun?

63. Welcher Philosoph inspirierte Karl Marx bei seiner Entwicklung des Historischen Materialismus?

a. Thomas von Aquin **b.** Georg Wilhelm Friedrich Hegel
c. Jürgen Habermas **d.** Friedrich Engels

Sprache und Literatur

64. Die Erfindung der Sprache fällt wahrscheinlich zusammen mit

a. der Entwicklung eines deutlich größeren Gehirns

b. dem aufrechten Gang

c. der stärkeren Ausbildung des Kehlkopfs

d. Die Antworten a, b und c sind richtig.

65. Menschliche Sprache hebt sich vor allem dadurch von Tierlauten ab, dass

a. mit ihr Abstraktes benannt werden kann

b. sie wie ein Reiz wirkt

c. Blicke und Gesten unterstützt werden

d. Gemütszustände deutlich werden

66. Wo wird rätoromanisch gesprochen?

a. in Italien

b. in der Schweiz

c. in Frankreich

d. in Deutschland

67. Die »Ilias« ist von

a. Homer

b. Goethe

c. Molière

d. Walther von der Vogelweide

68. Den Beginn des Neuhochdeutschen markiert

a. Jakob Theodors »Neuw Kreuterbuch«

b. die Donaueschinger Handschrift mit der Nibelungensage

c. die Bibelübersetzung von Martin Luther

d. Die Antworten a und c sind richtig.

69. Wer schrieb »Jenseits von Eden«?

a. Ernest Hemingway

b. F. Scott Fitzgerald

c. William Faulkner

d. John Steinbeck

Der Film »Jenseits von Eden« mit James Dean gibt nur knapp die Hälfte der Handlung des Buches wieder. Es lohnt sich also immer noch das Buch zu lesen auch wenn Sie den Film schon gesehen haben.

70. Von wem stammt der »Simplicius Simplicissimus«?

a. Petrarca **b.** Grimmelshausen
c. Seneca **d.** Cicero

71. Auf was ritt Baron Münchhausen?

a. Esel **b.** Kuh
c. Kanonenkugel **d.** Besen

72. Woraus ist folgender Vers: »Fest gemauert in der Erden Steht die Form, aus Lehm gebrannt?«

a. »Das Lied von der Glocke« von Friedrich Schiller **b.** »Die Dreigroschenoper« von Bert Brecht
c. »Der zerbrochene Krug« von Heinrich von Kleist **d.** »Der Glöckner von Notre Dame« von Victor Hugo

73. Mephisto ist eine Figur aus

a. »Faust« **b.** »Frust«
c. »Fast« **d.** »Fist«

74. Die Novelle »Der Schimmelreiter« ist von

a. Theodor Storm **b.** Theodor Fontane
c. Theodor Herzl **d.** Theodor Mommsen

75. Ein Minnelied ist

a. ein Liebeslied aus dem Mittelalter **b.** ein Heldenepos aus dem 13. Jahrhundert
c. eine Komödie aus der Renaissance **d.** ein Spottlied auf die Polizei

76. Don Quijote kämpfte im Roman von Cervantes gegen

a. Riesen **b.** Untote
c. Windmühlen **d.** Heuschober

77. »To be, or not to be« ist ein Zitat aus Shakespeare

a. »Othello« **b.** »König Lear«
c. »Macbeth« **d.** »Hamlet«

78. Von wem sind die Romane »Oliver Twist« und »David Copperfield«?

a. Daniel Defoe **b.** Charles Dickens
c. Jonathan Swift **d.** Edgar Allan Poe

79. Von wem stammt der Roman »Wanderer, kommst du nach Spa ...«?

a. Heinrich Böll **b.** Johann Wolfgang Goethe
c. Theodor Fontane **d.** Gottfried Keller

80. Wie hieß Thomas Manns Bruder, der ebenfalls Schriftsteller war?

a. Otto **b.** Heinrich
c. Ludwig **d.** Golo

Aus der Feder besagten Bruders stammt »Der Untertan«, eine wunderbare Persiflage auf den dumpfen Patriotismus und das Duckmäusertum der wilhelminischen Epoche. Besonders bemerkenswert dabei ist, dass dieses Buch noch im wilhelminischen Kaiserreich erschien. Wenn Sie nicht das ganze Buch lesen wollen: Es gibt auch eine tolle DEFA-Verfilmung aus den 50er Jahren.

81. Ernest Hemingway schrieb den Roman

a. »Im Westen nichts Neues« **b.** »Soldatenlohn«
c. »Der alte Mann und das Meer« **d.** »Herz der Finsternis«

82. Wer erfand die Figur des Nils Holgersson?

a. Hans Christian Andersen **b.** Selma Lagerlöf
c. Henrik Ibsen **d.** Astrid Lindgren

83. Wer sägt »Ritzeratze, voller Tücke, in die Brücke eine Lücke«?

a. Max und Moritz
b. Hans Huckebein
c. Struwwelpeter
d. Tom Sawyer

84. Welcher Schriftsteller schrieb »Die Blechtrommel« und bekam einen Literaturnobelpreis?

a. Martin Walser
b. Günter Grass
c. Erich Maria Remarque
d. Alfred Döblin

Musik

85. Was ist das »Gegenteil« von Dur?

a. Moll
b. Terz
c. Akkord
d. Kadenz

86. Wie nennt man ein vierstimmiges Musikstück?

a. Terzett
b. Quartett
c. Quintett
d. Septett

87. Was ist eine Arie?

a. ein Reinigungsmittel
b. eine Solopartie mit Instrumentalbegleitung
c. ein zweistimmig gesungenes Stück
d. das Anfangsstück einer Oper

88. Welche Stimmlage singt ein Mann mit einer tiefen Stimme?

a. Sopran
b. Alt
c. Tenor
d. Bass

89. Welcher Tanz im Dreivierteltakt kam Ende des 18. Jahrhunderts in Europa auf?

a. Polka
b. Walzer
c. Rumba
d. Tango

90. Johan Nepomuk Mälzel erfand 1816

a. den Phonografen
b. die Stimmgabel
c. den Kopfhörer
d. das Metronom

91. Johann Sebastian Bach, Georg Friedrich Händel und Antonio Vivaldi sind die bedeutendsten Komponisten

a. der Renaissance
b. des Barocks
c. der Klassik
d. der Romantik

»Bach sollte nicht Bach, sondern Meer heißen«, hat angeblich Ludwig van Beethoven über Johann Sebastian Bach gesagt.

92. Welche der 150 Theorien über Mozarts Tod ist die wohl bekannteste?

a. Infektion mit Streptokokken
b. Syphilis
c. Vergiftung durch seinen neidischen Konkurrenten Salieri
d. Quecksilbervergiftung

93. Die Königin der Nacht ist eine Figur aus

a. »Die Zauberflöte«
b. »Sommernachtstraum«
c. »Aida«
d. »Orpheus und Eurydike«

94. Wer ist der wichtigste Vertreter der italienischen *Opera buffa* (musikalische Komödie)?

a. Georg Friedrich Händel
b. Richard Wagner
c. Giuseppe Verdi
d. Gioacchino Rossini

95. Was haben Beethoven, Bruckner und Mahler gemeinsam?

a. neun Symphonien komponiert
b. in Wien gestorben
c. unverheiratet
d. Die Antworten a und b sind richtig.

96. Von wem wurde das Stück »Bilder einer Ausstellung« komponiert?

a. Peter Iljitsch Tschaikowsky
b. Modest Mussorgsky
c. Felix Mendelssohn Bartholdy
d. Igor Strawinsky

97. Welcher Komponist wird der »Walzerkönig« genannt?

a. Franz Lehár **b.** Richard Strauss
c. Johann Strauß **d.** Frédéric Chopin

98. Welches klassische Werk beschreibt einen tschechischen Fluss?

a. »Die Moldau« **b.** »An der schönen, blauen Donau«
c. »Rheinische Symphonie« **d.** »Forellenquintett«

99. Wie heißt das berühmteste Stück von Maurice Ravel?

a. »Rumba« **b.** »Chachacha«
c. »Bolero« **d.** »Mambo«

100. In welchem Ort in den USA fand 1969 eines der größten Musikfestivals statt, das wie kein anderes mit der Hippie-Bewegung in Verbindung gebracht wird?

a. San Francisco **b.** Woodstock
c. New York **d.** New Orleans

101. Duke Ellington ist ein bekannter Musiker des

a. Blues **b.** Swing
c. Free Jazz **d.** Pop

102. Welcher Musiker wird auch »King of Rock 'n' Roll« genannt?

a. Bill Haley **b.** Little Richard
c. Elvis **d.** Johnny Cash

103. Wer spielt Gitarre bei den Rolling Stones?

a. Keith Richards **b.** Jimi Hendrix
c. Jim Morrison **d.** George Harrison

104. Wer wird Queen of Pop genannt?

a. Madonna **b.** Tina Turner
c. Janis Joplin **d.** Whitney Houston

105. Wie heißt die erste Single der Beatles, die 1962 in Großbritannien veröffentlicht wurde?

a. »Love me tender« **b.** »Yellow submarine«
c. »Satisfaction« **d.** »Love me do«

Eine große Rolle in der Frühphase der Beatles spielte deren Aufenthalt in Hamburg. Hier gaben sie ihr erstes Konzert als »Beatles« und traten in St. Pauli in einem Stripladen auf.

106. Wo ist Elvis begraben?

a. Friedberg **b.** Los Angeles
c. New York **d.** Memphis

107. Die Band Iron Maiden ist eine der bekanntesten

a. Heavy-Metal-Bands **b.** Punkbands
c. Glam-Rock-Bands **d.** Industrial-Rock-Bands

Kunst

108. Welche ägyptische Königin aus dem 14. Jh. v. u. Z. wird auf der Museumsinsel in Berlin als Kalksteinbüste dargestellt?

a. Nofretete **b.** Kleopatra
c. Salome **d.** Isis

109. Was hat man in den Katakomben von Rom gefunden?

a. die Himmelsscheibe von Nebra **b.** frühchristliche Wandmalereien
c. Bibelhandschriften mit Texten des Alten Testaments in Tonkrügen **d.** ein rituelles jüdisches Bad (Mikwe)

110. Das berühmte Tor zur römischen Stadt Augusta Treverorum (Trier) heißt

a. Porta Nigra **b.** Holstentor
c. Eigelsteintorburg **d.** Löwentor

111. Der Chor in einem Dom bezeichnet architektonisch

- **a.** das Mittelschiff, in dem die Gläubigen sitzen
- **b.** den Balkon, in dem sich die Orgel befindet
- **c.** den Eingangsbereich, in dem die Kollekte eingesammelt wird
- **d.** den Altarraum, in dem oft die Geistlichen während des Gottesdienstes sitzen

112. Wer oder was wird in einem Schrein in Köln angeblich aufbewahrt?

- **a.** die Überreste von Paulus
- **b.** der Heilige Nikolaus
- **c.** die Heiligen Drei Könige
- **d.** die Knochen von Maria Magdalena

113. Wie sind die folgenden Kunstströmungen zeitlich zu ordnen?

- **a.** Barock – Renaissance – Gotik – Romanik
- **b.** Romanik – Gotik – Renaissance – Barock
- **c.** Gotik – Romanik – Barock – Renaissance
- **d.** Renaissance – Romanik – Gotik – Barock

114. Wo findet man die Rialto-Brücke?

- **a.** in Paris
- **b.** in Florenz
- **c.** in Rom
- **d.** in Venedig

115. Gobelins sind

- **a.** Vorhänge
- **b.** Kissenbezüge
- **c.** Wandteppiche
- **d.** kleine, grüne Gnome

116. Wer malte die »Mona Lisa«?

- **a.** Leonardo da Vinci
- **b.** Leonardo di Caprio
- **c.** Leonardo Fibonacci
- **d.** Leonardo Nascimento de Araújo

Bekannt ist die »Mona Lisa« besonders für ihr Lächeln. Bis heute ist umstritten, wer auf dem Bild porträtiert wurde. Einige Forscher gehen davon aus, dass es keine real existierende Person war, sondern das Idealbild einer Frau so wie es sich der Künstler vorstellte. Aber es sind auch diverse florentinische Kaufmannstöchter im Gespräch, sogar ein Knabe und Catharina Sforza, eine besonders schillernde Figur, der italienischen Renaissance.

117. Wer ließ das Schloss Versailles erbauen?

a. Ludwig XIII. **b.** Ludwig XIV.
c. Ludwig XV. **d.** Ludwig XVI.

118. Ein Gemälde wie Spitzwegs »Der arme Poet« ist

a. ein Porträt **b.** ein Genrebild
c. ein Stillleben **d.** ein Selbstbildnis

119. Von wem ist das Bild »Impression – Sonnenaufgang«, nach dem der Impressionismus benannt ist?

a. Eduard Manet **b.** Edgar Degas
c. Claude Monet **d.** Auguste Renoir

120. Welches UNESCO-Welterbe steht in der Hafeneinfahrt von New York?

a. Empire State Building **b.** Freiheitsstatue
c. Brooklyn Bridge **d.** Grand Central Terminal

121. Welcher Maler schnitt sich selbst das linke Ohr ab?

a. Vincent van Gogh **b.** Paul Gauguin
c. Gustav Klimt **d.** Henri Toulouse-Lautrec

122. Kupferstich und Siebdruck zählen zur

a. Malerei **b.** Druckgrafik
c. Graffiti **d.** Fotografie

123. Woher stammt der Maler Vincent van Gogh?

a. aus Belgien **b.** aus den Niederlanden
c. aus Frankreich **d.** aus Deutschland

124. Welcher Künstler wurde für sein Werk »(unbetitelt) Badewanne« berühmt?

a. Joseph Beuys **b.** Gerhard Richter
c. Max Liebermann **d.** Jörg Immendorff

125. Andy Warhols »Close cover before striking Pepsi Cola« gehört

a. zur Eat Art **b.** zum Minimalismus
c. zum Fotorealismus **d.** zur Pop Art

126. Wer malte brennende Giraffen und schmelzende Uhren?

a. Salvador Dalí **b.** Pablo Picasso
c. Paul Gauguin **d.** Gustav Klimt

Geowissenschaften

127. Wie lautet der wissenschaftliche Begriff für Sternenkunde?

a. Astrologie **b.** Solarologie
c. Astronomie **d.** Stellarologie

128. Pro Sekunde legt das Licht eine Entfernung von

a. 3000 Meter zurück **b.** 3 Kilometer zurück
c. 300 000 Kilometer zurück **d.** 3 000 000 Kilometer zurück

129. Wie heißt unsere Heimatgalaxie?

a. Milchstraße **b.** Sternschanze
c. Sonnenallee **d.** Sesamstraße

130. Am Anfang war

a. das Licht **b.** das Feuer
c. der Wasserstoff **d.** die Luft

Um Missverständnissen vorzubeugen: An dieser Stelle fragen wir nach der heute von Naturwissenschaftlern als wahrscheinlich angesehenen Variante und nicht nach dem, was die eine oder andere Religion in ihrem Schöpfungsmythos berichtet. Da gäbe es zum Beispiel auch die Fassung mit einer Schildkröte, eine interessante Geschichte, die aber nicht hierher gehört.

131. Der Planet Mars

a. brennt mit 500 Grad Celsius
b. zeigt an seiner Oberfläche eine kalte Stein- und Staubwüste
c. hat einen gasförmigen Ring
d. wird durchzogen von mehreren Wasserläufen

132. Wie groß ist die Temperatur im Innersten unserer Erde?

a. ca. 30 Grad Celsius
b. ca. 100 Grad Celsius
c. ca. 500 Grad Celsius
d. ca. 5000 Grad Celsius

133. Welchem Stern sind wir auf der Erde am nächsten?

a. Jupiter
b. Sonne
c. Vega
d. Alpha Zentauri

134. Der Himalaja ist entstanden, weil

a. die indische mit der eurasischen Platte zusammengestoßen ist
b. die arabische mit der indischen Platte zusammengestoßen ist
c. die afrikanische mit der indischen Platte zusammengestoßen ist
d. die pazifische mit der nordamerikanischen Platte zusammengestoßen ist

135. Wann tauchten die Säugetiere auf?

a. in der »Frühzeit der Erdgeschichte« (Präkambrium)
b. in der »Zeit des altertümlichen Lebens« (Paläozoikum)
c. im »Erdmittelalter« (Mesozoikum)
d. in der »Erdneuzeit« (Neozoikum)

136. Welche Katastrophe löschte vermutlich vor ca. 65 Millionen Jahren fast das ganze Leben auf der Erde aus?

a. Einschlag eines Riesenmeteoriten
b. Vulkanausbruch
c. Sintflut
d. See- und Erdbeben

137. Um den Atomkern schwirren

a. Sauerstoff- und Wasserstoffatome
b. viele Atomiume
c. negativ geladene Elektronen
d. radioaktive Isotope

138. Die Verbindung aus Natrium, einem Metall, und Chlor, einem Gas, bildet ein Molekül, das wir jeden Tag zu uns nehmen:

a. Zucker
b. Speisesalz
c. Vitamin C
d. Luft

Allein ist jedes der beiden Elemente, sagen wir mal laienhaft, »ungemütlich«. Natrium brennt bei Raumtemperatur, wenn es mit Wasser in Berührung kommt. Chlor ist hochgiftig, und es wurde im Ersten Weltkrieg als Giftgas eingesetzt. Sie sehen, auf jeden Fall ist das Molekül, das hier gesucht wird, etwas gänzlich anderes als die Summe seiner Elemente.

139. Um die Sonne drehen sich auf elliptischen Bahnen

a. die Planeten
b. die Monde
c. die Sterne
d. die Sternbilder

140. Welches ist das auffälligste Sternbild am Winterhimmel in südöstlicher Richtung?

a. Großer Wagen
b. Orion
c. Luftpumpe
d. Kleine Schnecke

141. Ein selbstleuchtendes Objekt am Himmel nennen wir

a. Planet
b. Mond
c. Stern
d. Asteroid

142. Wie findet man am Nachthimmel den Polarstern?

a. um Mitternacht Richtung Norden schauen und dort zwei Handbreiten oberhalb des Horizonts
b. die drei Gürtelsterne des Sternbilds Orion nach rechts verdoppeln
c. gar nicht, da er nur auf der Südhalbkugel zu sehen ist
d. die äußere Wagenachse des Sternbilds Großer Wagen fünfmal nach oben verlängern

143. Wie lange wird uns die Sonne als Zentralheizung noch zur Verfügung stehen?

a. 5 Milliarden Jahre
b. 50 Millionen Jahre
c. 10 000 Jahre
d. 150 Jahre

144. Bei der Sonnenfinsternis läuft

a. die Sonne zwischen Erde und Mond
b. die Erde zwischen Mond und Sonne
c. der Mond zwischen Sonne und Erde
d. der Mond in den von der Erde geworfenen Schatten

145. Welcher der vier Gasriesen fällt durch seinen roten Fleck auf?

a. Saturn
b. Jupiter
c. Uranus
d. Neptun

146. Langfristige und großflächige Wettererscheinungen nennt man

a. Witterung
b. Klima
c. Wetter
d. Jahreszeit

147. Wie viel Prozent der Erdoberfläche sind mit flüssigem Wasser bedeckt?

a. 20 Prozent
b. 50 Prozent
c. 70 Prozent
d. 90 Prozent

148. Wie groß ist der Erdumfang am Äquator?

a. etwa 12 000 Kilometer
b. etwa 40 000 Kilometer
c. etwa 60 000 Kilometer
d. etwa 100 000 Kilometer

149. Welches Phänomen sorgt in Europa für das angenehme gemäßigte Klima?

a. Passatwinde
b. Vulkanausbrüche auf Island
c. Sonnenflecken
d. Golfstrom

150. Den warmen, trockenen Fallwind nördlich der Alpen nennt man

a. Mistral
b. Föhn
c. Bora
d. Meltemi

151. Hektopascal ist die Einheit für

a. die Luftfeuchtigkeit
b. den Luftdruck
c. die Lufttemperatur
d. Bewölkung

152. Was zeichnet ein Tiefdruckgebiet aus?

a. Warme Luft steigt auf.
b. Kalte Luft sinkt ab.
c. schönes Wetter
d. geringe Luftdruckveränderung

Da wird der Düsenjäger zum Wetterfrosch. Wenn die Kondensstreifen von Düsenjägern zerlaufen, ist meist ein Tiefdruckgebiet und damit oft schlechtes Wetter im Anmarsch. Halten die Streifen ihre Form, dann haben wir ein Hochdruckgebiet und meist kommt dann gutes Wetter. Das ist nicht zu 100 Prozent zuverlässig, kann aber manchmal helfen.

153. Regenbögen entstehen, wenn

a. Wolken das Sonnenlicht reflektieren
b. das Sonnenlicht in Regenpfützen reflektiert wird
c. Regentropfen das Sonnenlicht reflektieren
d. Sintfluten zu Ende gehen

154. Welche Klimazone befindet sich zwischen 45 Grad und 66,5 Grad nördlicher oder südlicher Breite?

a. Solare Tropen
b. Subtropen
c. Mittelbreiten
d. Solare Polarzone

155. Wo liegt der Südpol?

a. in der Antarktis
b. in der Arktis
c. in Grönland
d. auf Feuerland

156. Wo liegt der Amazonasregenwald?

a. in Afrika
b. in Australien
c. in Südamerika
d. in Ozeanien

157. Wie heißt die größte Wüste Asiens?

a. Sahara
b. Gobi
c. Atacama
d. Sinai

158. Die Straße von Gibraltar trennt welche Kontinente voneinander?

a. Europa und Asien
b. Europa und Afrika
c. Nordamerika und Südamerika
d. Asien und Ozeanien

159. Europa ist benannt nach

a. einer griechischen Sagengestalt
b. dem assyrischen Wort für Sonnenuntergang
c. einem römischen Feldherrn und Senator
d. einer Frauengestalt aus der Bibel

160. An welchem Fluss liegt München?

a. Donau
b. Isar
c. Rhein
d. Altmühl

161. Von welchem Land ist Bern die Hauptstadt?

a. Österreich
b. Liechtenstein
c. Schweiz
d. Andorra

162. Welche Stadt hat dieselbe Zeitzone wie Hamburg?

a. Luanda (Angola)
b. Jerusalem (Israel)
c. Lissabon (Portugal)
d. Helsinki (Finnland)

163. Welches ist die größte Metropole der Welt?

a. Mexiko-Stadt
b. Delhi
c. Tokio
d. Berlin

164. In welcher Stadt wurde der Eiffelturm erbaut?

a. London
b. Genf
c. Paris
d. Amsterdam

Biologie

165. Was sind Fossilien?

a. Knochen von Dinosauriern
b. Versteinerungen von Lebensformen
c. verfaulende Körper
d. Gesteinshohlräume mit kristallinen Strukturen

166. Wofür steht diese Formel: $6\ CO_2 + 6\ H_2O \rightarrow C_6H_{12}O_6 + 6\ O_2$?

a. Photosynthese
b. Atmung
c. Amoniaksynthese
d. Zellteilung

167. Ökologie ist

a. die Lehre von den Vögeln
b. die Lehre vom Normalzustand des Organismus
c. die Lehre von der Beziehung zwischen Mensch und Natur
d. die Lehre vom Haushalt der Natur

168. Die Ökologische Nische ist

a. die Höhle, in dem ein Lebewesen lebt
b. die Rolle, die ein Lebewesen in einem Ökosystem spielt
c. das Revier, das sich ein Lebewesen sucht
d. der Lebensraum, in den ein Lebewesen hineingeboren wird

169. Wie heißt ein Teil der Pflanzenblüte?

a. Pore
b. Narbe
c. Pustel
d. Pickel

170. Wie kann man das Alter von Bäumen bestimmen?

a. Man misst die Größe des Baumes.
b. Man zählt die Äste.
c. Man misst den Umfang des Baumstamms.
d. Man zählt die Jahresringe.

171. Wie viele Beine haben Insekten?

a. 2
b. 4
c. 6
d. 8

172. Wie heißt das erste Stadium eines Insekts, das während der Metamorphose durchlaufen wird?

a. Puppe
b. Imago
c. Larve
d. Adultus

173. Welche Insekten bilden keine Staaten?

a. Heuschrecken **b.** Ameisen
c. Termiten **d.** Wespen

174. Salamander gehören zu den

a. Reptilien **b.** Amphibien
c. Fischen **d.** Würmern

175. Die Eier des Froschs heißen

a. Eikapseln **b.** Rogen
c. Kaviar **d.** Laich

176. Die meisten Reptilien sind

a. warmblütig **b.** wechselwarm
c. gleichwarm **d.** unterkühlt

177. Strauß, Kiwi und Pinguin haben gemeinsam, dass sie

a. nicht fliegen können **b.** in Australien leben
c. sich von Fisch ernähren **d.** schwimmen können

Pinguine sind recht frivole Kerlchen. Adeliepinguine haben sogar eine gewisse Form von Prostitution für sich entdeckt. Wie das im Tierreich funktioniert? Als Währung dienen Steine, die in der Antarktis erstens rar sind und zweitens für diese Pinguine wichtig, weil sie mit ihnen ihre Nester bauen. Besonders rar sind Steine an den Stellen, an denen eine Pinguinkolonie ist. Diese haben nämlich schnell zehntausende Mitglieder. Nun sind Adeliepinguine meist monogam, d. h., sie haben jedes Jahr den gleichen Partner, mit dem sie ihre Jungen aufziehen. Wie das bei Pinguin und Mensch eben so ist, kriegt aber nicht jeder ein Weibchen ab. Diese Junggesellenpinguine reisen eine Weile vor der Brutsaison an und sammeln die noch frei daliegenden Steine. Wenn die Brutpärchen kommen und nicht mehr genug Steine für ihr Nest finden, bieten diese Junggesellen den Damen auf Steinsuche Steine gegen Schäferstündchen und haben damit bisweilen auch Erfolg. Für das Verhalten gibt es natürlich auch noch eine rein verhaltensbiologische Begründung ohne Rückgriffe auf menschliches Verhalten, die zu anderer Zeit an anderer Stelle erzählt werden soll.

178. Kleiber gehören zu den

- **a.** Greifvögeln
- **b.** Seevögeln
- **c.** Wasservögeln
- **d.** Singvögeln

179. Welches ist das größte Säugetier der Erde?

- **a.** Elefant
- **b.** Blauwal
- **c.** Pottwal
- **d.** Mammut

180. Welches Kamel hat zwei Höcker?

- **a.** Dromedar
- **b.** Lama
- **c.** Vikunja
- **d.** Trampeltier

181. Wer ist der Begründer der Evolutionstheorie?

- **a.** Carl von Linné
- **b.** Charles Darwin
- **c.** Ernst Haeckel
- **d.** Konrad Lorenz

182. Wie heißt die Wissenschaft vom Aufbau des Körpers und seiner Organe?

- **a.** Anathema
- **b.** Anatomie
- **c.** Anämie
- **d.** Andronomie

183. Welches Organ sorgt dafür, dass das Blut durch den Körper gepumpt wird?

- **a.** Lunge
- **b.** Leber
- **c.** Herz
- **d.** Magen

184. Welches ist die normale Körpertemperatur des Menschen?

- **a.** 33 bis 34 Grad
- **b.** 36,0 bis 37,4 Grad
- **c.** 38,1 bis 38,5 Grad
- **d.** 40 bis 42 Grad

185. Die durchschnittliche Atemfrequenz pro Minute beträgt bei Erwachsenen

- **a.** 12 Atemzüge
- **b.** 100 Atemzüge
- **c.** 72 Atemzüge
- **d.** 20 Atemzüge

186. Gehirn und Rückenmark bezeichnet man auch als

- **a.** Zentrales Nervensystem
- **b.** Viszerales System
- **c.** Autonomes Nervensystem
- **d.** Peripheres Nervensystem

187. Wie nennt man die erste körperliche Reaktion auf Stress?

- **a.** Kampf- oder Fluchtimpuls
- **b.** Aggression
- **c.** Stressreflex
- **d.** Stoffwechsel

188. Wie lange können Spermien in der weiblichen Vagina überleben?

- **a.** 24 Stunden
- **b.** bis zu 3 Tage
- **c.** bis zu 7 Tage
- **d.** unendlich lang

189. Wie groß ist die Gebärmutter (Uterus) normalerweise?

- **a.** 1 Zentimeter
- **b.** 5 Zentimeter
- **c.** 15 Zentimeter
- **d.** 30 Zentimeter

190. Wie heißt das medizinische Fachgebiet, das sich mit Frauenheilkunde und Geburt beschäftigt?

- **a.** Urologie
- **b.** Geriatrie
- **c.** Gynäkologie
- **d.** Ophthalmologie

191. Neben Unterstützung und Schutz erfüllt das Skelett eine weitere wichtige Funktion:

- **a.** Reproduktion
- **b.** Bewegung
- **c.** Respiration
- **d.** Zirkulation

192. Das häufigste Mineral im menschlichen Körper ist

- **a.** Kalium
- **b.** Magnesium
- **c.** Calcium
- **d.** Natrium

193. Was kann man zu Beginn einer Infektion bei den Lymphknoten häufig beobachten?

- **a.** Verschwinden
- **b.** Anschwellen
- **c.** Vermehrung
- **d.** Verkleinerung

194. Farben sehen wir mit unseren

- **a.** Zapfen
- **b.** Stäbchen
- **c.** Pupillen
- **d.** Linsen

Wegen dieser Fotorezeptoren stimmt auch das Sprichwort, dass nachts alle Katzen grau seien. Diese Rezeptoren sind weniger lichtempfindlich als ihre lediglich zu Schwarz-Weiß-Sehen befähigten Kollegen. Deshalb übernehmen bei schlechtem Licht die Herrschaften von der einfarbigen Fraktion.

195. Ein wichtiger Teil des Gleichgewichtssinns liegt

a. im Mund
b. im Auge
c. in der Nase
d. im Ohr

196. Die Ursache für das Ergrauen der Haare ist

a. die Produktion von Melanin im Haarschaft
b. die Abnahme der Blutversorgung der Haare
c. ein Mangel an Melanin im Haarschaft
d. Elternschaft

197. Wie viele Gerüche können manche Menschen ungefähr unterscheiden?

a. 10
b. 100
c. 1000
d. 10 000

Physik und Chemie

198. Welchen Effekt hat Wärme?

a. Wärme ist Bewegung.
b. Wärme verkleinert das Volumen.
c. Wärme vergrößert das Volumen.
d. Die Antworten a und c sind richtig.

199. Wenn im Winter der Asphalt aufplatzt, liegt das daran, dass

a. Wasser in Hohlräumen gefriert und sich ausdehnt
b. die Straße viel befahren ist
c. kein Geld für Reparaturen da war
d. das Streusalz den Asphalt aufgelöst hat

200. Gegensätzliche magnetische Pole

a. verhalten sich neutral
b. stoßen sich ab
c. ziehen sich an
d. Keine der Antworten ist richtig.

201. Was bedeutet Gravitation?

a. Fliehkraft **b.** Scheinkraft
c. Grundkraft **d.** Schwerkraft

202. Mit welchem optischen Gerät kann man weit entfernte Dinge enorm heranholen?

a. Mikroskop **b.** Teleskop
c. Horoskop **d.** Demoskop

203. Wie heißen nach außen gewölbte Linsen?

a. konstant **b.** konvex
c. konzentrisch **d.** konkav

204. Wie heißt der Zustand völliger Leere in den Wissenschaften?

a. Nichts **b.** Leerheit
c. Vakuum **d.** Nirvana

205. Womit beschäftigen sich Chemiker?

a. Aufbau und Umwandlung von Stoffen **b.** äußere Eigenschaften von Stoffen
c. Brennbarkeit von Stoffen **d.** Die Antworten a und c sind richtig.

206. Die chemischen Elemente sind zur Übersicht zusammengefasst im sogenannten

a. Periodensystem **b.** Einheitensystem
c. Elementensystem **d.** Technischen System

207. Wenn man Salz in Sand streut, dann entsteht

a. ein Gemisch **b.** eine Verbindung
c. eine Legierung **d.** eine Emulsion

Warum die Unterscheidung wichtig ist? Wenn Sie Salz in Sand streuen, dann behält der Sand seine Eigenschaften und das Salz seine. Wenn man so will, ist der Salzsand die abgeschwächte Summe seiner Elemente. Wenn Sie das leicht brennbare Natrium mit dem hochgiftigen Chlor »zusammenbringen«, entsteht Kochsalz, das weder leicht brennt noch giftig ist.

208. In der Organischen Chemie geht es um

a. die Zusammensetzung der Organe von Lebewesen
b. die Reaktion von Organen
c. die Verbindungen des Kohlenstoffs
d. die Reaktion von Wasser mit Luft

209. Bei der Verbrennung

a. wird keine Energie frei
b. kommt es zu einem Austausch von Molekülen
c. entsteht immer Kohlendioxid
d. reagiert ein brennbarer Stoff mit Sauerstoff

210. Welches ist der härteste natürlich vorkommende Stoff?

a. Gold
b. Graphit
c. Diamant
d. Quarz

211. Wie heißt das chemische Zeichen für Eisen?

a. Fe
b. Co
c. Cu
d. Sn

212. Welches chemische Element benutzt man bei der Desinfektion von Bädern?

a. Phosphor
b. Chlor
c. Fluor
d. Bor

213. Welches Edelgas findet man in Leuchtstoffröhren?

a. Argon
b. Radon
c. Helium
d. Neon

214. Was entsteht, wenn Eisen mit Sauerstoff reagiert?

a. Rost
b. Patina
c. Abstich
d. Erz

Technologie und Mathematik

215. Wann wurde wahrscheinlich das Rad erfunden?

a. vor gut 10 000 Jahren **b.** vor gut 5000 Jahren
c. vor gut 300 Jahren **d.** vor gut 40 000 Jahren

216. Papyrus wurde als Erstes von den Ägyptern aus

a. alten Lumpen hergestellt **b.** Kuhhaut gebeizt
c. einem Sumpfgras gepresst **d.** Holz geschnitten

217. Welche Schrift wird in Mitteleuropa bis heute verwendet?

a. Hieroglyphen **b.** Keilschrift
c. Griechische Schrift **d.** Lateinische Schrift

218. Welches Konzept der Schrift hat sich nirgendwo im normalen Schriftverkehr durchgesetzt?

a. Silbenschrift **b.** Lautschrift
c. Wortschrift **d.** Buchstabenschrift

219. Wer erfand das Papier?

a. Chinesen **b.** Japaner
c. Inder **d.** Schweizer

220. Welche Erfindung wurde *nicht* in der Industrialisierung im 18. Jahrhundert gemacht?

a. Dampfmaschine **b.** Webmaschine
c. Taschenuhr **d.** Lokomotive

221. Zündkerzen benötigt man

a. beim Dieselmotor **b.** beim Ottomotor
c. beim Viertaktmotor **d.** Die Antworten b und c sind richtig.

222. Welcher Hochgeschwindigkeitszug hält nach wie vor den Rekord mit einer Spitzengeschwindigkeit von 575 km/h?

a. ICE **b.** TGV
c. Pendolino **d.** Rasender Roland

223. Wo wurde die erste U-Bahn eröffnet?

a. Paris **b.** Moskau
c. London **d.** Hamburg

224. Wie lautet die Maßeinheit für die Stromstärke?

a. Volt **b.** Newton
c. Ampere **d.** Watt

225. Wie lautet die Maßeinheit für die Stromspannung?

a. Volt **b.** Newton
c. Ampere **d.** Watt

226. Wer gilt als Erfinder der Glühlampe?

a. Benjamin Franklin **b.** Gottlob Bauknecht
c. Werner von Siemens **d.** Thomas Alva Edison

227. »Jemandem das Wasser abgraben« war in früheren Zeiten

a. eine Redensart **b.** ein Straftatbestand
c. ein Plan in Kriegszeiten **d.** eine Beleidigung

228. Wann wurde in Deutschland der erste Kernkraft-Forschungsreaktor in Betrieb genommen?

a. 1943 **b.** 1957
c. 1965 **d.** 1973

Es gab in der Vorkernkraftzeit ein interessantes Projekt, um die Energieknappheit in Europa zu beenden. Dabei sollte gleichzeitig auch ein dauerhafter Friede geschaffen werden, denn das Problem der Landknappheit wäre mit der Energieknappheit verschwunden. Herman Sörgel hatte den Plan, mit einem riesigen Wasserkraftwerk an der Straße von Gibraltar aus dem in das und aus dem Mittelmeer fließenden Wasser so viel Strom zu gewinnen, dass es für ganz Europa gereicht hätte. Dabei sollte auch der Meeresspiegel des Mittelmeers so weit gesenkt werden, dass riesige Landflächen urbar geworden wären. Das war auch nicht einfach eine Bierlaune von Sörgel, seine Pläne waren sehr konkret. Aber nach seinem Tod und mit dem Aufkommen des günstigen Atomstroms geriet sein Plan in Vergessenheit.

229. Welcher Energieträger wird vor der Stromerzeugung vergoren?

a. Biomasse **b.** Kohle
c. Uranatome **d.** Erdgas

230. Welches Meisterwerk des Brückenbaus überspannt die Bucht von San Francisco seit 1937?

a. Bosporus-Brücke **b.** Golden Gate Bridge
c. Brooklyn Bridge **d.** Lions Gate Bridge

231. 1869 wurde der Suezkanal eingeweiht. Was wurde dadurch erleichtert?

a. Schiffe mussten nicht mehr um Afrika herumfahren.
b. Schiffe mussten nicht mehr um Südamerika herumfahren.
c. Schiffe mussten nicht mehr um Dänemark herumfahren.
d. Schiffe mussten nicht mehr um Nordamerika herumfahren.

232. Jean-François Pilâtre de Rozier und François d'Arlandes fuhren 1783 als erste Menschen mit einem

a. Zug **b.** Auto
c. U-Boot **d.** Heißluftballon

233. Wer kommt an Bord eines Schiffes, um dieses zu steuern, wenn das Fahrwasser unbekannt ist?

a. der Kapitän **b.** Steuerleute
c. Matrosen **d.** ein Lotse

234. Am 15. April 1912 veränderte ein Schiffsunglück den internationalen Umgang mit Seenotfällen und führte zu den ersten Sicherheitsstandards auf Seeschiffen. Welches Schiff sank?

a. Lusitania **b.** Titanic
c. Britannic **d.** Olympic

235. Wer sagte am 20. Juli 1969 die Worte »The Eagle has landed«?

a. Willy Brandt **b.** Richard Nixon
c. Neil Armstrong **d.** Jimi Hendrix

236. Von wem stammt das noch heute gültige Gelöbnis der Ärzte?

a. Äskulap
b. Hippokrates
c. Diogenes
d. Alexander der Große

237. Vor 1844 erfolgte die Narkose von Patienten bei Operationen mittels

a. Äther
b. Lachgas
c. Chloroform
d. Alraune

238. Eines der ältesten und wirksamsten Schmerzmittel ist

a. Acetylsalicylsäure
b. Strychnin
c. Insulin
d. Cortison

239. Wann wurde in Deutschland die Antibabypille zugelassen?

a. 1947
b. 1961
c. 1969
d. 1973

240. Welche Blutgruppe gibt es nicht?

a. A
b. B
c. C
d. 0

241. In den 1960er Jahren wurde als eindeutiges Todeskriterium

a. der Hirntod festgelegt
b. der Atemstillstand festgelegt
c. der Herzstillstand festgelegt
d. die Beendigung des Stoffwechsels festgelegt

242. Eine der ersten Röntgenaufnahmen zeigte

a. den Schädel von Wilhelm Röntgens Hund Bello
b. die Hand von Wilhelm Röntgens Ehefrau Anna Bertha – mit Ehering
c. den Fußknöchel des Nachbarjungen
d. Röntgens eigenen Brustkorb

243. Wer gilt als Vater der Psychoanalyse?

a. C.G. Jung
b. Friedrich Nietzsche
c. Anna Freud
d. Sigmund Freud

244. Ultraschall funktioniert

- **a.** mit Infrarotstrahlung
- **b.** mit Alphastrahlen
- **c.** wie ein Echolot
- **d.** wie ein Radar

245. Was für ein Bild wird im Computertomografen erzeugt?

- **a.** ein Farbfoto
- **b.** ein Querschnittsbild
- **c.** ein Wärmebild
- **d.** eine Vektorgrafik

246. Für den ersten Schreibtelegrafen verwendete man 1837 das

- **a.** Morsealphabet
- **b.** Fingeralphabet
- **c.** Telefonalphabet
- **d.** phonetische Alphabet

247. Wie heißt die Maßeinheit für Lautstärke?

- **a.** Sone
- **b.** Hertz
- **c.** Dezibel
- **d.** Phon

248. Was wurde bei einem der ersten Telefongespräche gesagt?

- **a.** Fasse dich kurz.
- **b.** Falsch verbunden.
- **c.** Das Pferd frisst keinen Gurkensalat.
- **d.** Nicht auflegen.

Die Erfindung des Telefons ist ein Beispiel dafür, wie unterschiedlich nationale Wahrnehmungen seien können. Für Briten und Amerikaner ist es klar, dass Alexander Graham Bell der Erfinder war, für Italiener ist es das Werk von Antonio Meucci und für die Deutschen ist Jan Philipp Reis ganz vorne mit dabei. Und wer hat recht? Alle und keiner zugleich, jeder hatte seinen Anteil und wer will bewerten, und vor allem nach welchem Maßstab, wessen Anteil der größte war? Was kann man daraus lernen? Das Gefühl nationaler Bedeutung ist eine sehr subjektive Angelegenheit.

249. Der Vorläufer der Fotografie war die

- **a.** Caméra d'Or
- **b.** Camera Obscura
- **c.** Cameralia
- **d.** Camera dei deputati

250. Worauf basierte das Internet in seiner Anfangsphase?

a. auf einem Netz des US-Verteidigungsministeriums

b. auf einem Netz von Studenten, die sich zu Partys verabreden wollten

c. auf einem Kommunikationssystem mehrerer amerikanischer Universitäten

d. auf einem Zusammenschluss von Telefongesellschaften in den USA

251. Welche der folgenden Komponenten gehört *nicht* zur Hardware eines Computers?

a. Prozessor

b. Festplatte

c. Maus

d. Betriebssystem

252. Informatiker entwickeln Methoden, wie Arbeitsschritte und Abläufe aussehen sollen. Diese nennt man

a. Algorithmen

b. Algonkin

c. Algol

d. Algoma

253. Was war Carl Friedrich Gauß?

a. Entdecker

b. Mathematiker

c. Musiker

d. Literat

254. Was bedeutet XL in der Mathematik?

a. 40

b. 60

c. 90

d. extra large

Wenn Sie nun glauben, dass in dieser Frage unnützes Wissen abgefragt wird, dann sollten Sie sich die Folge »Auf zum Zitronenbaum« von den Simpsons anschauen.

255. Der Satz des Pythagoras lautet

a. $1/6 + 1/6 = 1/3$

b. $a^2 + b^2 = c^2$

c. πr^2

d. $a : b = (a + b) : a$

256. Bei welcher Grundrechenart werden zwei Summen zusammengezählt?

a. Subtraktion

b. Division

c. Addition

d. Multiplikation

257. Welcher griechische Mathematiker hat mehrere fundamentale Werke über die Geometrie geschrieben?

a. Euklid
b. Plotin
c. Diogenes
d. Perikles

258. Wie viele Ecken hat ein Würfel?

a. 4
b. 5
c. 6
d. 8

Politik und Gesellschaft

259. Die Wissenschaft vom Zusammenleben der Menschen nennt man

a. Ethnologie
b. Anthropologie
c. Soziologie
d. Ethologie

260. Welche Gesellschaftsform ist *nicht* Gegenstand der Soziologie?

a. Parallelgesellschaft
b. patriarchale Gesellschaft
c. offene Gesellschaft
d. Fraunhofer-Gesellschaft

261. Gender bezeichnet das

a. soziale Geschlecht
b. biologische Geschlecht
c. genetische Geschlecht
d. Adelsgeschlecht

262. Wann wurde in Deutschland das Frauenwahlrecht eingeführt?

a. 1871
b. 1918
c. 1949
d. 1971

263. Die Verwaltung des Bildungswesens wird in Deutschland im Wesentlichen wahrgenommen

a. auf Länderebene
b. auf Bundesebene
c. auf Regionalebene
d. von den Bildungseinrichtungen selbst

264. Eine Volkspartei

a. ist eine Vereinigung von Einzelpersonen, Gruppen, Unternehmen oder Institutionen, die ein spezielles Ziel verfolgen

b. hat ein breit abgestütztes Programm, um von einem möglichst großen Teil der Wähler gewählt zu werden

c. verfolgt die Interessenpolitik für eine einzelne Bevölkerungsschicht

d. ist eine kurzfristig zusammengekommene Gruppe von Menschen, die ein spezielles Ziel verfolgen

265. Wie werden die Vertreter eines Interessenverbands genannt?

a. Klientel

b. Bürgerinitiative

c. Lobby

d. Abgeordnete

266. Welches Organ gehört nicht zur klassischen Gewaltenteilung nach Montesquieu?

a. Exekutive

b. Judikative

c. Legislative

d. Kommunikative

Mit vollem Namen hieß der Herr übrigens Charles-Louis de Secondat, Baron de La Brède et de Montesquieu. Um zu verstehen was so revolutionär an der Idee der Gewaltenteilung war, müssen Sie wissen, was Stand der Dinge war, als Montesquieu seine Idee publizierte. Damals herrschte in Europa noch die Auffassung, dass ein Monarch absolut herrschen sollte. Absolut heißt: Der Monarch alleine bestimmte über Gesetze, deren Anwendung und über die Politik. Interessant ist dabei: Dies war eine Auffassung, die sich erst im 17. Jahrhundert durchsetzte, davor gab es in vielen Ländern Parlamente, Reichstage oder andere Gremien, die in der Politik mitreden konnten, von der Antike mal ganz zu schweigen.

267. Im Grundgesetz sind grundsätzliche Entscheidungen für die Ausprägung der Bundesrepublik getroffen. Welche gehört nicht dazu?

a. Einparteiensystem

b. Sozialstaat

c. Bundesstaat

d. Demokratie

268. Wie viele Bundesländer umfasst die heutige Bundesrepublik?

a. 8

b. 11

c. 16

d. 24

269. Wie heißt die Landeshauptstadt von Thüringen?

- **a.** Magdeburg
- **b.** Dresden
- **c.** Jena
- **d.** Erfurt

270. Wie heißt die Landeshauptstadt von Schleswig-Holstein?

- **a.** Kiel
- **b.** Bremen
- **c.** Flensburg
- **d.** Hamburg

271. Zu den Stadtstaaten der Bundesrepublik gehört

- **a.** Brandenburg
- **b.** Saarbrücken
- **c.** Bremen
- **d.** Keine der Antworten ist richtig.

272. Wer ist das Staatsoberhaupt der Bundesrepublik?

- **a.** Bundeskanzler
- **b.** Bundespräsident
- **c.** Bundestagspräsident
- **d.** Bundesratspräsident

273. Wer wählt den Bundespräsidenten?

- **a.** Bundestag
- **b.** Bundesrat
- **c.** Bundesversammlung
- **d.** das Volk

274. Der Bundeskanzler besitzt nach dem Grundgesetz

- **a.** die Richtlinienkompetenz
- **b.** die alleinige Entscheidungsbefugnis über den Haushalt
- **c.** das Palais Schaumburg in Bonn
- **d.** das Recht, Gesetze erlassen zu können

275. Der Hauptsitz der Vereinten Nationen (UNO) ist in

- **a.** Wien
- **b.** Nairobi
- **c.** New York
- **d.** Genf

276. Der wichtigste Repräsentant der Vereinten Nationen heißt

- **a.** Hochkommissar
- **b.** Generalsekretär
- **c.** UNO-Präsident
- **d.** Oberhaupt

277. Wie werden die Friedenstruppen der UNO auch genannt?

a. Blauhelme **b.** Schwarzhelme
c. Gelbhelme **d.** Rothelme

278. Wie viele Mitgliedsstaaten hat die Europäische Union?

a. 6 **b.** 9
c. 12 **d.** 27

279. Welcher Staat ist ein Beitrittskandidat der EU?

a. Türkei **b.** Schweiz
c. Norwegen **d.** Albanien

280. Der Europäische Rat besteht aus

a. direkt gewählten Abgeordneten **b.** den Fachministern der nationalen Regierungen
c. den Regierungschefs der Mitgliedsländer **d.** Kommissaren, die von den Regierungschefs der Mitgliedsländer ernannt werden

Wirtschaft und Recht

281. In welchem wissenschaftlichen Fach geht es um die Verknappung der sogenannten Ressourcen?

a. Geografie **b.** Volkswirtschaftslehre
c. Soziologie **d.** Politikwissenschaft

282. Was wird in der Mikroökonomie erforscht?

a. einzelne Wirtschaftsobjekte, zum Beispiel Haushalte und Unternehmen **b.** Geldmarkt
c. Arbeitsmarkt **d.** die Gesamtheit aller Haushalte

283. Was müssen Sie zahlen, wenn Sie einen Kredit aufnehmen?

a. Skonto **b.** Steuern
c. Zinsen **d.** Assekuranz

284. Welche Wirtschaftsordnung war nach dem Zweiten Weltkrieg für die Bundesrepublik prägend?

a. Freie Marktwirtschaft
b. Soziale Marktwirtschaft
c. Sozialistische Marktwirtschaft
d. Ökosoziale Marktwirtschaft

Weiterhin war in der Nachkriegswirtschaft bis in die 1990er Jahre auch noch die sogenannte »Deutschland-AG« prägend. Diese Aktiengesellschaft gab es genau genommen nicht, der Begriff beschreibt eher den Umstand, dass Banken und Industriebetriebe in Deutschland eng miteinander verflochten waren und ihren politischen Einfluss nutzten, etwaige Verstimmungen sagen wir einmal »informell« beizulegen. Man kannte sich eben. Im Zuge der Globalisierung hat dieses »Phänomen« an Bedeutung verloren.

285. Welche Versicherung sollten Sie abschließen, um Schaden, der durch Sie entstanden ist, von der Versicherung entschädigen zu lassen?

a. Krankenversicherung
b. Arbeitsunfähigkeitsversicherung
c. Haftpflichtversicherung
d. Hausratversicherung

286. Welches der folgenden Länder gilt als Schwellenland?

a. Kanada
b. Südkorea
c. Neuseeland
d. Philippinen

287. Wie bezeichnet man einen Außenhandel, der nicht auf Handelshemmnisse stößt?

a. Freihandel
b. Protektionismus
c. Fairer Handel
d. Tauschhandel

288. Ein Preis, in dem die gesetzliche Umsatzsteuer noch nicht enthalten ist, heißt

a. Bruttopreis
b. Straßenpreis
c. Stückpreis
d. Nettopreis

289. Was ist auf den deutschen 10-, 20- und 50-Cent-Münzen abgebildet?

a. Bundesadler
b. Eichenlaub
c. Brandenburger Tor
d. Keine der Antworten ist richtig.

290. Der wichtigste deutsche Börsenplatz ist

- **a.** Stuttgart
- **b.** München
- **c.** Hamburg
- **d.** Frankfurt am Main

291. Der wichtigste deutsche Aktienindex heißt

- **a.** DAX
- **b.** Dow Jones
- **c.** Nikkei Index
- **d.** TechDAX

292. Ein Bullenmarkt (auch Hausse genannt) bezeichnet an der Börse

- **a.** einen Kursverfall
- **b.** einen Kursanstieg
- **c.** einen Seitwärtsmarkt, in dem sich Preise nicht deutlich in eine Richtung bewegen
- **d.** eine Spekulationsblase

293. Ordnen Sie die Begriffe Expansion, Depression, Boom, Rezession zu.

- **a.** ________________ Aufschwung
- **b.** ______________ Hochkonjunktur
- **c.** ________________ Abschwung
- **d.** ______________ Tiefphase

294. Was ist Jura?

- **a.** eine schottische Insel
- **b.** ein Schweizer Kanton
- **c.** die Rechtswissenschaft
- **d.** a, b und c sind richtig.

295. Ein Vermieter hat ein legitimes Interesse daran zu wissen, mit wem er es in seinem Eigentum zu tun bekommen wird. Einige Fragen darf er stellen, welche aber nicht?

- **a.** ☐ ja ☐ nein sexuelle Identität
- **b.** ☐ ja ☐ nein Anschrift des letzten Vermieters
- **c.** ☐ ja ☐ nein Name, Vorname, Anschrift
- **d.** ☐ ja ☐ nein Rasse, Hautfarbe
- **e.** ☐ ja ☐ nein Religion
- **f.** ☐ ja ☐ nein Arbeitgeber, Beruf

296. Womit kann man eine Mieterhöhung *nicht* begründen?

- **a.** ortsübliche Vergleichsmiete
- **b.** Wohnraummodernisierungen
- **c.** erhöhte Betriebskosten
- **d.** vereinbarte Festmiete im Mietvertrag

297. Wie lange ist üblicherweise die Probezeit in einem neuen Arbeitsverhältnis?

a. 1 Monat **b.** 3 Monate
c. 6 Monate **d.** 12 Monate

298. Bei Diebstahl, Untreue, Körperverletzung oder Beleidigung am Arbeitsplatz kommt es häufig zu einer

a. ordentlichen Kündigung **b.** sozial ungerechtfertigten Kündigung
c. fristlosen Kündigung **d.** fristgerechten Kündigung

299. Welches Delikt ist kein Straftatbestand?

a. Körperverletzung **b.** Sachbeschädigung
c. Einbruch **d.** Überfahren einer roten Ampel

300. Welches Gericht hat seinen Sitz in Karlsruhe?

a. Bundesarbeitsgericht **b.** Bundesverwaltungsgericht
c. Bundesverfassungsgericht **d.** Bundessozialgericht

301. Welcher der folgenden Berufsstände gehört *nicht* zum Organ der Rechtspflege?

a. Richter **b.** Staatsanwalt
c. Rechtsanwalt **d.** Keine der Antworten ist richtig.

302. Die Polizei ist

a. ein Hilfsorgan der Staatsanwaltschaft **b.** immer auf Bundesebene organisiert
c. berechtigt, eigenmächtig zu handeln **d.** dem Verteidigungsministerium zugeordnet

303. Ein ehrenamtlich tätiger Richter im Strafprozess heißt

a. Hilfsrichter **b.** Schöffe
c. Geschworener **d.** Beigeordneter

304. Der Rechtsgrundsatz »Im Zweifel für den Angeklagten« kommt von welchem lateinischen Satz?

a. In dubio pro reo **b.** In dubio mitius
c. In contumaciam **d.** In medias res

305. Wenn der Führerschein entzogen wird, dann fehlt die

a. Lenkberechtigung **b.** Fahrerlaubnis
c. Fahrberechtigung **d.** Keine der Antworten ist richtig.

306. Wie wird das Pfandsiegel abwertend genannt?

a. Adler **b.** Krähe
c. Kuckuck **d.** Pirol

307. Wer darf laut Strafprozessordnung vor dem Gericht aus beruflichen Gründen vom Zeugnisverweigerungsrecht Gebrauch machen?

a. Manager **b.** Kapitän
c. Hebamme **d.** Richter

Freizeit und Unterhaltung

308. Welches war die erste Disziplin der Olympischen Spiele der Antike?

a. Fußball **b.** Boxen
c. Stadionlauf **d.** Steinestoßen

Sport konnte bei den alten Griechen noch richtig ruppig sein. Beim Pankration, einer Mischung aus Ringen und Boxen, kam es häufiger zu Todesfällen. Die Athleten kämpften ohne Handschuhe, dafür zeitweise mit einer Art Schlagring. Der Kampf dauerte so lange bis ein Athlet k. o. war, aufgab oder starb. Ansonsten war außer Beißen bei diesem Sport so ziemlich alles erlaubt.

309. Was fand regelmäßig im Kolosseum in Rom statt?

a. Gladiatorenkämpfe **b.** Theateraufführungen
c. Dichterlesungen **d.** Musikveranstaltungen

310. Bei Reiterturnieren im Mittelalter kam es darauf an,

a. einen Ring mit der Lanze zu treffen **b.** schneller als der Gegner zu reiten
c. den Gegner mit der Lanze aus dem Sattel zu heben **d.** auf ein rennendes Pferd aufzuspringen

311. Wo findet seit 1877 das älteste Tennisturnier der Welt statt?

- **a.** Melbourne
- **b.** Paris
- **c.** Wimbledon
- **d.** New York

312. Wo fanden 1896 die ersten Olympischen Spiele der Neuzeit statt?

- **a.** Olympia
- **b.** Athen
- **c.** Paris
- **d.** Rom

313. Wofür steht EPO im Profisport?

- **a.** für eine Doping-Methode
- **b.** für einen spanischen Fußballverband
- **c.** für ein ungarisches Sportstadion
- **d.** für einen britischen Sportsender

314. Seit wann gelten die 42,195 Kilometer beim Marathonlauf?

- **a.** seit der Schlacht von Marathon
- **b.** seit den Olympischen Spielen 1908 in London
- **c.** seit den 94. Olympischen Spielen 404 v. u. Z.
- **d.** seit den Olympischen Spielen 1896 in Athen

315. Bei welcher Sportart spielt »le maillot jaune« (das gelbe Trikot) eine Rolle?

- **a.** Radfahren
- **b.** Fußball
- **c.** Laufen
- **d.** Beachvolleyball

316. Wo sagt man »abseits«?

- **a.** beim Abfahrtslauf beim Skisport
- **b.** beim Fußball
- **c.** bei einer Segelregatta
- **d.** beim Handball

317. Wofür sind die Klitschko-Brüder berühmt?

- **a.** Tischtennis
- **b.** Rudern
- **c.** Boxen
- **d.** Segeln

318. Der Presserat überprüft die Medien hinsichtlich ihrer Einhaltung der Richtlinien

- **a.** des Grundgesetzes
- **b.** des Pressekodex
- **c.** der Strafprozessordnung
- **d.** des Rundfunkstaatsvertrags

319. Wann wurde die ARD gegründet?

- **a.** 1926
- **b.** 1936
- **c.** 1950
- **d.** 1964

320. Was ist ein Pilotfilm?

- **a.** ein Film über Flugzeugpiloten
- **b.** ein Film zur Einführung einer Fernsehserie
- **c.** ein Trainingsvideo für die Programmiersprache PILOT (**P**rogrammed **I**nquiry, **L**anguage **O**r **T**eaching)
- **d.** ein Film über Lotsen

321. Aus welchem Film ist das folgende Filmzitat: »Spiel es noch einmal, Sam«?

- **a.** »Casablanca«
- **b.** »Im Westen nichts Neues«
- **c.** »Endstation Sehnsucht«
- **d.** »Giganten«

Bei dem angesprochenen Film war die Hauptdarstellerin deutlich größer als der Hauptdarsteller. Da sich das damals nicht schickte, wurde der Hauptdarsteller in einigen Szenen auf ein Podest gestellt.

322. Welcher Schauspieler wurde in der Rolle des Vagabunden mit Melone und übergroßer Hose eine Filmikone?

- **a.** Oliver Hardy
- **b.** Stan Laurel
- **c.** Charlie Chaplin
- **d.** Buster Keaton

323. In welchem Film jagt ein rachsüchtiger Kapitän einen weißen Wal?

- **a.** »Godzilla«
- **b.** »Der Seewolf«
- **c.** »Flipper«
- **d.** »Moby Dick«

324. In welcher Fernsehserie spielt ein Hengst die Hauptrolle?

- **a.** »Lassie«
- **b.** »Fury«
- **c.** »Alf«
- **d.** »Rin-Tin-Tin«

325. Was versteht man unter einer Patchwork-Familie?

a. eine Handwerksfamilie, die Teppiche herstellt

b. eine Ehe, die erst geschlossen wird, wenn Kinder schon auf der Welt sind

c. Partnerschaften mit Kindern, bei der zumindest ein Partner nichtleiblicher Elternteil ist

d. eine Familie mit Erziehungsproblemen

326. Wann sollte man üblicherweise erscheinen, wenn man zum Brunch eingeladen wurde?

a. um 9:00 Uhr

b. um 11:00 Uhr

c. um 15:00 Uhr

d. um 20:00 Uhr

327. Der Mensch ist ein omnivores Lebewesen. Das bedeutet, er ist ein

a. Fleischfresser

b. Pflanzenfresser

c. Allesfresser

d. Aasfresser

328. Wie viel Prozent unseres Energiebedarfs sollten wir in Form von Kohlenhydraten, Proteinen und Fetten zu uns nehmen?

Kohlenhydrate

a. 10 Prozent

b. 33 Prozent

c. 55 Prozent

d. 90 Prozent

Proteine

a. 20 Prozent

b. 33 Prozent

c. 15 Prozent

d. 7 Prozent

Fette

a. 70 Prozent

b. 34 Prozent

c. 30 Prozent

d. 3 Prozent

329. Was verschenkt man symbolisch bei verschiedenen Anlässen (Hochzeit, Umzug) als Glücks- und Segenswunsch?

a. Butter und Käse

b. Wasser und Wein

c. Brot und Salz

d. Wurst und Schinken

330. Welches Getreide gehört nicht zu den sieben wichtigen Getreidearten der menschlichen Grundernährung?

a. Mais **b.** Hirse
c. Hafer **d.** Dinkel

331. In welchem Organ baut unser Körper Alkohol ab?

a. Magen **b.** Darm
c. Leber **d.** Milz

332. Wann kam der Kaffee nach Europa?

a. im 15. Jahrhundert **b.** im 16. Jahrhundert
c. im 17. Jahrhundert **d.** im 18. Jahrhundert

333. Was ist eine Vinaigrette?

a. ein französischer Kuchen **b.** ein Schweizer Nationalgericht mit überbackenem Käse
c. eine Soße aus Öl und Essig **d.** eine Vorspeise aus rohem Rindfleisch

334. Wams, Schaube und Heerpauke sind

a. Hutmoden **b.** Herrenbekleidungsstücke
c. Schuhformen **d.** Wäschestücke

335. Welches Kleidungsstück prägte mehrere Jahrhunderte die Frauenmode?

a. Trenchcoat **b.** Allongeperücke
c. Reifrock **d.** Nylonstrümpfe

336. Welche Modedesignerin stellte Anfang des 20. Jahrhunderts die Modewelt durch ihr »Kleines Schwarzes« auf den Kopf?

a. Viviane Westwood **b.** Coco Chanel
c. Rose Bertin **d.** Elsa Schiaparelli

Besagte Dame ist nicht nur durch ihre Mode berühmt sondern auch durch ihre Affären und ihr insgesamt schillerndes Leben. So war sie mit Igor Strawinsky, Großfürst Dimitri Pawlowitsch Romanow und dem Herzog von Westminster liiert, mit Pablo Picasso und Winston Churchill war sie befreundet.

Teil II

Mittelschwere Fragen

In diesem Teil ...

... kommen Fragen die etwas schwerer sind als die in Teil I, aber Sie werden sicher immer noch viele von Ihnen korrekt beantworten können. Die Fragen sind wieder auf die gleichen Themen verteilt wie die der leichten Fragen.

Geschichte

337. »Drei drei drei …

a. … Rom schlüpft aus dem Ei.« **b.** … Solons Tyrannei.«
c. … Platons erster Schrei.« **d.** … bei Issos Keilerei.«

338. Gegen wen verlor der römische Feldherr Varus eine wichtige Schlacht im Jahr 9 u. Z.?

a. Punier **b.** Karthager
c. Germanen **d.** Briten

339. Welcher römische Kaiser soll der Legende nach für den großen Brand in Rom im Jahr 64 u. Z. verantwortlich sein?

a. Augustus **b.** Nero
c. Tiberius **d.** Konstantin

Dieser Kaiser wurde sehr sehenswert von Peter Ustinov in »Quo vadis« dargestellt. Besonders einprägsam ist die Stelle, an der er einen »Freund« beweint, den er gerade selbst hat hinrichten lassen. Von dem Brand Roms abgesehen gilt besagter Herr auch als Muttermörder und Initiator einer Christenverfolgung.

340. Die Gewässernamen Rhein, Main, Lech, Inn und Isar haben ihren Ursprung

a. in den keltischen Sprachen **b.** im Lateinischen
c. in der englischen Sprache **d.** im Griechischen

341. Das Heilige Römische Reich Deutscher Nation war

a. eine Diktatur **b.** eine Erbmonarchie
c. eine Republik **d.** ein Wahlkönigtum

342. Wilhelm der Eroberer besiegte in der Schlacht von Hastings 1066 den letzten angelsächsischen König Britanniens. Woher kam Wilhelm?

a. Bretagne **b.** Normandie
c. Flandern **d.** Aquitanien

343. Mit dem Gang nach Canossa

- **a.** versuchte Papst Gregor VII., den Investiturstreit zu schlichten
- **b.** versuchte Heinrich IV., sich aus dem Kirchenbann zu lösen
- **c.** versuchten die Bischöfe ein Mitspracherecht bei ihrer Einsetzung zu erlangen
- **d.** bat Papst Gregor VII. um Buße bei den Bischöfen

344. Was versteht man unter dem Abendländischen Schisma?

- **a.** Streit zwischen Kaiser und Papst
- **b.** Trennung zwischen Ost- und Westrom
- **c.** mehrere gewählte Päpste gleichzeitig
- **d.** Aufspaltung der christlichen Kirche in Katholiken und Protestanten

345. Wie heißt der Städtebund unter Führung Lübecks, der im 14. Jahrhundert gegründet wurde und bis 1669 Bestand hatte?

- **a.** Lombardischer Städtebund
- **b.** Rheinischer Städtebund
- **c.** Schwäbischer Städtebund
- **d.** Hanse

346. Die Pestwelle zwischen 1348 und 1353

- **a.** kostete etwa ein Drittel der Bevölkerung Europas das Leben
- **b.** raffte die Einwohner von ganz Rom dahin
- **c.** dezimierte die Bevölkerung Europas um die Hälfte
- **d.** tötete 3000 Menschen in ganz Europa

347. Welches Land erreichte Vasco da Gama 1498 per Schiff?

- **a.** Brasilien
- **b.** Australien
- **c.** Indien
- **d.** Japan

348. In welchem Jahr stellte Martin Luther seine Thesen öffentlich zur Diskussion?

- **a.** 1514
- **b.** 1515
- **c.** 1517
- **d.** 1521

349. Im Schmalkaldischen Krieg (1546/1547) kämpften

- **a.** Katholiken gegen Katholiken
- **b.** Protestanten gegen Protestanten
- **c.** Katholiken und Protestanten gegen Ketzer
- **d.** Katholiken gegen Protestanten

350. Welcher katholische Orden wurde im 16. Jahrhundert gegründet und spielte bei der Rekatholisierung eine wichtige Rolle?

a. Franziskaner **b.** Prämonstratenser
c. Trappisten **d.** Jesuiten

351. Am 23. Mai 1618 begann mit dem sogenannten »Prager Fenstersturz«

a. der Dreißigjährige Krieg **b.** der Westfälische Frieden
c. der Augsburger Religionsfrieden **d.** der Bauernkrieg

Das war übrigens nicht der erste Prager Fenstersturz, aber der bekannteste. Schon 1419 hatten Hussiten mehrere Würdenträger aus dem Fenster geworfen. Während die Herrschaften 1618 ihren Sturz weitgehend unbeschadet überlebten, ging es 1419 noch rauer zu. Die Hussiten warfen die Herren erst aus dem Fenster und töteten dann die Überlebenden.

352. Das Heilige Römische Reich Deutscher Nation bildete nach 1648

a. eine absolute Monarchie **b.** einen Nationalstaat
c. eine Republik **d.** einen Flickenteppich aus 382 einzelnen Territorien

353. Welches Jahrhundert wird das Jahrhundert der Aufklärung genannt?

a. 16. Jahrhundert **b.** 17. Jahrhundert
c. 18. Jahrhundert **d.** 19. Jahrhundert

354. Welcher preußische König erhielt den Beinamen »der Große«?

a. Wilhelm II. **b.** Friedrich II.
c. August I. **d.** Joseph II.

355. Welcher König wurde 1793 hingerichtet?

a. Ludwig XIV. **b.** Ludwig XV.
c. Ludwig XVI. **d.** Ludwig XVII.

356. Wann endete das Heilige Römische Reich Deutscher Nation?

a. 1789 **b.** 1806
c. 1815 **d.** 1871

357. Wo wurde Napoleon 1815 endgültig von einem britisch-deutschen Heer besiegt?

a. Elba
b. Leipzig
c. Waterloo
d. Austerlitz

358. Als Vormärz bezeichnet man die Zeit

a. vor der Industriellen Revolution
b. vor den Napoleonischen Kriegen
c. vor der Revolution 1848
d. vor der Gründung des Deutschen Bundes

359. Wer schrieb das »Kommunistische Manifest«?

a. Stalin
b. Lenin
c. Marx
d. Trotzki

360. Otto von Bismarck wurde 1862

a. Reichskanzler
b. preußischer Ministerpräsident
c. Bundespräsident
d. deutscher Bundeskanzler

361. Welcher der folgenden Kaiser war *nicht* im sogenannten »Dreikaiserjahr« 1888 an der Regierung?

a. Wilhelm I.
b. Wilhelm II.
c. Friedrich II.
d. Friedrich III.

362. Was war der letztendliche Auslöser für den Ersten Weltkrieg?

a. der Aufstand der Kieler Matrosen
b. das tödliche Attentat auf den österreichischen Thronfolger in Sarajevo
c. der Angriff auf die serbische Hauptstadt Belgrad
d. die Entlassung von Reichskanzler Bismarck durch Wilhelm II.

363. Von wann bis wann bestand das deutsche Kaiserreich?

a. 1866 bis 1918
b. 1870 bis 1918
c. 1871 bis 1918
d. 1890 bis 1918

364. Wie wird die Zeit nach dem Ersten Weltkrieg genannt?

a. Wirtschaftswunder **b.** Goldene Zwanziger
c. Swinging Twenties **d.** Fin de siècle

365. Wer ernannte Adolf Hitler am 30. Januar 1933 zum Reichskanzler?

a. Gustav Stresemann **b.** Friedrich Ebert
c. Heinrich Brüning **d.** Paul von Hindenburg

366. Welches dieser Länder hatte in den 30er Jahren des 20. Jahrhunderts *keine* faschistische Regierung?

a. Italien **b.** Österreich
c. Frankreich **d.** Deutschland

367. Wer führte schon 1939 ein Attentat auf Adolf Hitler aus?

a. Georg Elser **b.** Claus Schenk Graf von Stauffenberg
c. Hans Scholl **d.** Helmuth James Graf von Moltke

368. Wie wird der 6. Juni 1944 von den Alliierten genannt?

a. D-Day **b.** Doomsday
c. Tag X **d.** Bloomsday

369. Wer war auf der Potsdamer Konferenz im Juli/August 1945 *nicht* mit dabei?

a. Stalin **b.** Attlee
c. Roosevelt **d.** Die Antworten a und c sind richtig.

370. Wo fanden die Kriegsverbrecherprozesse gegen die Verantwortlichen der Nazi-Herrschaft statt?

a. München **b.** Augsburg
c. Ulm **d.** Nürnberg

Einer der angeklagten Nationalsozialisten kannte den Gerichtssaal besonders gut. Julius Streicher, der Herausgeber einer antisemitischen Hetzzeitung und Gauleiter, war vor der Machtergreifung der Nazis häufiger angeklagt wegen Beleidigung, übler Nachrede und ähnlicher Vergehen. Teilweise hatten die Prozesse im gleichen Gerichtssaal stattgefunden wie der Hauptkriegsverbrecherprozess. Letzterer endete für ihn mit der Todesstrafe, und er wurde dann im Oktober 1946, noch auf dem Weg zum Galgen »Heil Hitler« rufend, gehängt.

371. Auf welche Grundsätze konnten sich die Alliierten einigen, was mit Deutschland geschehen sollte?

a. Demokratisierung
b. Entnazifizierung
c. Zentralisierung
d. Die Antworten a und b sind richtig.

372. Warum war der 17. Juni viele Jahrzehnte lang ein gesetzlicher Feiertag in der Bundesrepublik?

a. Gründungstag der Bundesrepublik
b. Erinnerung an den Volksaufstand in der DDR 1953
c. Erinnerung an den Bau der Berliner Mauer 1961
d. Unterzeichnung der Römischen Verträge und damit Mitgliedschaft in der Europäischen Wirtschaftsgemeinschaft (EWG)

373. Wie wurde der Inlands- und Auslandsgeheimdienst der DDR umgangssprachlich genannt?

a. Gestapo
b. BND
c. Stapo
d. Stasi

374. Wie lautet die richtige chronologische Reihenfolge für die ersten vier deutschen Bundeskanzler?

a. Adenauer, Kiesinger, Brandt, Erhard
b. Adenauer, Kiesinger, Erhard, Brandt
c. Adenauer, Brandt, Kiesinger Erhard
d. Adenauer, Erhard, Kiesinger, Brandt

375. Wer war vor Angela Merkel Bundeskanzler?

a. Peer Steinbrück
b. Gerhard Schröder
c. Roman Herzog
d. Helmut Kohl

Religion und Philosophie

376. Welches war über Jahrhunderte das wichtigste Orakel in Griechenland?

a. Olympia **b.** Delphi
c. Dodona **d.** I Ging

377. Wie heißt die Nahrung der griechischen Götter?

a. Met **b.** Myrrhe
c. Ambrosia **d.** Manna

378. Welche griechische Sagengestalt wurde von Zeus an einen Felsen geschlagen und musste die Schmerzen ertragen, wenn seine Leber jeden Tag von einem Adler gefressen wurde und täglich nachwuchs?

a. Daidalos **b.** Sisyphos
c. Tantalos **d.** Prometheus

Insgesamt waren die griechischen Götter recht unleidlich, wenn Menschen gegen sie aufbegehrten oder sie einfach nur schlecht aussehen ließen. So behauptete eine Arachne, eigentlich weiß man ja schon bei dem Namen wie die Geschichte ausgeht, dass sie besser weben könne als Pallas Athene. Die Göttin nahm die Herausforderung an und siehe da, Arachne webte wirklich besser als Athene. Wie schon gesagt, die Götter waren bisweilen unleidlich und so verleitete die Niederlage die Göttin nicht zu Demut oder Selbstkritik, sondern machte sie einfach nur zornig. Sie schlug der anmaßenden Weberin auf den Kopf und verwandelte sie so in eine Spinne.

379. Warum ist der Papst für die Katholiken von so zentraler Bedeutung?

a. Er fastet jeden Freitag.
b. Der Papst ist der Bischof von Rom und damit Nachfolger des Apostels Petrus.
c. Er bewahrt die Reliquien der zwölf Apostel auf.
d. Durch seinen Einfluss wurde das Christentum zuerst im Römischen Reich als Staatsreligion anerkannt.

380. Warum brennt in katholischen Kirchen ein rotes Lämpchen?

- **a.** Warnung vor dem Höllenfeuer
- **b.** Symbol für die ständige Gegenwart Gottes
- **c.** Leselicht für den Priester
- **d.** Symbol für Gott als Licht in der Finsternis

381. Was ist die Liturgie?

- **a.** ein katholischer Mönchsorden
- **b.** ein christliches Gesangsstück
- **c.** die Ordnung für Gottesdienste
- **d.** eine Lesung

382. Welche Religion ist zahlenmäßig die größte Religion?

- **a.** Christentum
- **b.** Islam
- **c.** Hinduismus
- **d.** Shintoismus

383. Sepharden sind Juden, ...

- **a.** die kulturell eher deutsch geprägt sind und aus Mittel- und Osteuropa stammen
- **b.** die bis zu ihrer Vertreibung 1492 und 1531 in Portugal und Andalusien lebten
- **c.** die im 19. Jahrhundert nach Amerika auswanderten
- **d.** die durchgehend in Palästina gelebt haben

384. Was ist die Tora?

- **a.** die fünf Bücher Mose
- **b.** der siebenarmige Leuchter
- **c.** das jüdische Gesetz
- **d.** die mündliche Lehre

385. Was muss ein Besucher vor dem Betreten einer Moschee unbedingt machen?

- **a.** Überschuhe anziehen
- **b.** Schuhe ausziehen
- **c.** Schuhe säubern
- **d.** Pantoffeln anziehen

386. (Fast) jeder Muslim muss mindestens einmal in seinem Leben

- **a.** nach Jerusalem pilgern
- **b.** nach Medina pilgern
- **c.** nach Mekka pilgern
- **d.** nach Rom pilgern

387. Wann fängt für die Juden der Sabbat an?

- **a.** Sonnenaufgang am Samstag
- **b.** Sonnenuntergang am Freitag
- **c.** Sonnenaufgang am Sonntag
- **d.** Sonnenuntergang am Samstag

388. Wann lebte Konfuzius?

a. 551 bis 449 v. u. Z. **b.** 0 bis 33 u. Z.
c. 1345 bis 1398 **d.** 1844 bis 1912

389. Welche der folgenden Religionen gehört nicht zu den »Drei Lehren« Chinas?

a. Konfuzianismus **b.** Shintoismus
c. Daoismus **d.** Buddhismus

390. Judentum, Christentum und Islam gelten als

a. abrahamitische Religionen **b.** mosaische Religionen
c. apostolische Religionen **d.** israelitische Religionen

391. Was bedeutet Philosophie wortwörtlich genommen?

a. die Liebe zu den Frauen **b.** die Liebe zur Weisheit
c. die Liebe zu den Freunden **d.** die Liebe zum Leben

392. Ordnen Sie die vier Kardinaltugenden ihren lateinischen Namen zu: Weisheit, Gerechtigkeit, Tapferkeit, Mäßigung

a. Iustitia ____________________ **b.** Temperantia ________________
c. Sapientia __________________ **d.** Fortitudo ___________________

393. Von Platon stammt

a. die Argumentationstheorie (Dialektik) **b.** die Hebammenkunst
c. das Prinzip vom steten Wandel (»Panta rhei«) **d.** das Höhlengleichnis

394. Welcher Philosoph gilt als bedeutendster Vertreter der Aufklärung in England?

a. René Descartes **b.** David Hume
c. Francis Bacon **d.** Thomas Morus

395. Welche philosophische Richtung setzt auf die Sinneserfahrung bei der Erkenntnisgewinnung?

a. Rationalismus **b.** Skeptizismus
c. Szientismus **d.** Empirismus

396. Was besagt der Kategorische Imperativ?

a. Handle aus eigener praktischer Vernunft. Nur Unselbstständige brauchen religiöse Verstärkungen.

b. Handle so, dass du im Sinn bewährter Konventionen pflichtbewusst lebst.

c. Handle so, dass die Maxime deines Willens jederzeit zugleich als Prinzip einer allgemeinen Gesetzgebung gelten könnte.

d. Handle uneigennützig, denn du wirst das Eigene mitleidend im anderen erkennen.

397. Karl Popper postulierte,

a. dass jede Theorie so formuliert werden muss, dass sie sich prinzipiell widerlegen lässt (Falsifizierbarkeit)

b. dass jede Theorie bewiesen werden kann (Verifizierbarkeit)

c. dass jede Theorie einen Erkenntnisgewinn bringen muss

d. dass Sätze, die zu widerlegen sind, uns keinen Gewinn an Erkenntnis liefern

Sprache und Literatur

398. Wie heißt die Wissenschaft von den Sprachen?

a. Literatur

b. Linguistik

c. Rhetorik

d. Semiotik

399. Wie viele Sprachen existieren momentan wohl noch auf der Erde?

a. ungefähr 4000

b. ungefähr 7000

c. ungefähr 10 000

d. ungefähr 300

400. Hindi ist eine

a. indogermanische Sprache

b. dravidische Sprache

c. austroasiatische Sprache

d. turkische Sprache

401. Wenn man allgemein von »lingua franca« spricht, meint man

a. die französische Sprache

b. eine Verkehrssprache

c. die Sprache der Franken

d. eine Amtssprache

402. Wie viele Menschen sprechen Mandarin als Muttersprache?

a. ca. 4000 Menschen **b.** ca. 100 000 Menschen
c. ca. 30 Millionen Menschen **d.** ca. 1 Milliarde Menschen

403. Belletristik bedeutet wörtlich

a. schöne Briefe **b.** schöne Romane
c. schöne Buchstaben **d.** schöne Schriften

404. Wer erfand im 15. Jahrhundert den Buchdruck mit beweglichen Lettern?

a. Johannes Gutenberg **b.** Johann Mentel
c. Albrecht Dürer **d.** Anton Koberger

405. Wie viele Titel wurden um 1700 in Französisch, Englisch oder Deutsch pro Jahr veröffentlicht?

a. etwa 50 **b.** etwa 3000
c. etwa 10 000 **d.** etwa 1 Million

406. Wie wird der Wolf im Märchen genannt?

a. Isegrimm **b.** Reineke
c. Petz **d.** Adebar

407. Der Roman »Die Schatzinsel« ist von

a. Daniel Defoe **b.** Jonathan Swift
c. Robert Louis Stevenson **d.** Charles Dickens

408. Parabeln, Novellen und Märchen gehören zur Gattung

a. des Dramas **b.** der Lyrik
c. der Epik **d.** der Anekdote

409. Die älteste erhaltene griechische Tragödie heißt

a. »Die Perser« **b.** »Iphigenie auf Tauris«
c. »Ilias« **d.** »Orpheus in der Unterwelt«

410. Samuel Langhorne Clemens nannte sich

- **a.** Edgar Allan Poe
- **b.** Joseph Conrad
- **c.** Jack London
- **d.** Mark Twain

411. Wer musste einen Apfel vom Kopf seines Sohnes herunterschießen?

- **a.** Wilhelm Tell
- **b.** Wilhelm Meister
- **c.** Wilhelm Voigt
- **d.** Wilhelm Hauff

412. Welches Gedicht beginnt mit den Worten »Zu Dionys, dem Tyrannen, schlich …«?

- **a.** »Prometheus«
- **b.** »Der Ring des Polykrates«
- **c.** »Die Bürgschaft«
- **d.** »Die Kraniche des Ibykus«

413. Welcher der folgenden Romane ist *nicht* von Leo Tolstoj?

- **a.** »Krieg und Frieden«
- **b.** »Anna Karenina«
- **c.** »Die Kreutzersonate«
- **d.** »Schuld und Sühne«

414. »Die Ameise und die Heuschrecke« ist

- **a.** eine Fabel von Äsop
- **b.** ein Gleichnis aus der Bibel
- **c.** eine Satire von Voltaire
- **d.** ein Märchen von den Brüdern Grimm

415. Wer schrieb den »Steppenwolf«?

- **a.** Gottfried Benn
- **b.** Joseph Roth
- **c.** Hermann Hesse
- **d.** Thomas Bernhard

Obwohl der »Steppenwolf« schon 1927 erschien, war er noch in den 1960er Jahren bei jungen Menschen sehr beliebt. Vielleicht weil das Buch sich mit Sinnfindung und Unangepasstheit beschäftigt. Ähnlich bekannt wie das Buch ist inzwischen die Band »Steppenwolf«, sie hatte sich nach dem Buch benannt. Ihren größten Hit »Born to be wild« dürfte so ziemlich jeder im Ohr haben.

416. In der Erzählung »Die Verwandlung« von Franz Kafka erwacht Gregor Samsa morgens als

- **a.** Ameise
- **b.** Hund
- **c.** Käfer
- **d.** Spinne

417. Im Roman »Die Buddenbrooks« verarbeitete Thomas Mann seine Jugend in

a. Hamburg **b.** Bremen
c. Lübeck **d.** Rostock

Musik

418. Welches Medium wurde Anfang der 80er Jahre zum Standard auf dem Markt der Tonträger?

a. Kassetten **b.** Podcasting
c. High Fidelity **d.** Compact Disc

419. Wie heißt das dreieckige Musikinstrument, das aus Russland stammt?

a. Balalaika **b.** Gitarre
c. Harfe **d.** Mandoline

420. Wie nennt man das freie Spiel, das vor allem in der Jazzmusik eine wichtige Komponente darstellt?

a. Interpretation **b.** Improvisation
c. Intonation **d.** Komposition

421. Andante bedeutet

a. gehend, schreitend **b.** fröhlich, munter
c. schnell, rasch **d.** langsam, ruhig

422. Der Kammerton A hat die Frequenz

a. 4 KHz **b.** 20 Hz
c. 440 Hz **d.** 20 000 Hz

423. Der Notenwert zeigt die relative Tondauer an. Was müssen Sie spielen, wenn in der Partitur ein schwarzer Notenkopf mit einem Hals abgebildet ist?

a. Ganze Note **b.** Halbe Note
c. Viertelnote **d.** Achtelnote

424. Wer komponierte die »Brandenburgischen Konzerte«?

a. Richard Wagner **b.** Johann Sebastian Bach
c. Carl Maria von Weber **d.** Christoph Willibald Gluck

425. Aus welcher Stadt stammt Wolfgang Amadeus Mozart?

a. Wien **b.** Graz
c. Salzburg **d.** Linz

426. Mit Wiener Klassik bezeichnet man die Zeit von

a. 1690 bis 1750 **b.** 1730 bis 1770
c. 1780 bis 1830 **d.** 1815 bis 1866

427. Wer schrieb eine »Wassermusik«?

a. Georg Philipp Telemann **b.** Johann Pachelbel
c. Georg Friedrich Händel **d.** Carl Philipp Emanuel Bach

428. Die »Krönungsmesse« wurde komponiert von

a. Johann Sebastian Bach **b.** Georg Friedrich Händel
c. Joseph Haydn **d.** Wolfgang Amadeus Mozart

429. Die »Ode an die Freude« ist das Chorfinale aus

a. Mozarts Jupiter-Symphonie **b.** Beethovens 9. Symphonie
c. Haydns »Schöpfung« **d.** Mahlers Symphonie »Lied von der Erde«

430. Die Oper »Aida« war ein Auftragswerk zur

a. Einweihung des Eiffelturms **b.** Einweihung des Orientexpress
c. Eröffnung der Brücke über den Bosporus **d.** Eröffnung des Suezkanals

Guiseppe Verdi widmete sich gerne historischen Stoffen, war dabei aber auch manchmal sehr politisch. Italien war in weiten Teilen des 19. Jahrhunderts Spielball europäischer Mächte. Mit dem aufkommenden Nationalbewusstsein wuchs der Widerstand gegen diesen Umstand und Verdi lieferte, mit Werken wie Nabucco, die musikalische Untermalung hierzu.

431. Die »Unvollendete« ist eine Symphonie von

a. Franz Schubert **b.** Robert Schumann
c. Anton Bruckner **d.** Johannes Brahms

432. Aus welchem Land stammte die Opernsängerin Maria Callas ursprünglich?

a. Italien | **b.** Griechenland
c. Spanien | **d.** Ägypten

433. Stu Sutcliffe war

a. der ursprünglich fünfte Beatle | **b.** der Manager der Beatles
c. der Entdecker der Beatles | **d.** der Mörder von John Lennon

434. Welcher Jazzmusiker wurde »Satchmo« genannt?

a. Miles Davis | **b.** Louis Armstrong
c. Charlie Parker | **d.** Dizzy Gillespie

435. Der Sänger welcher Grungerock-Band erschoss sich 1994?

a. Mike »Fat Mike« Burkett von NOFX | **b.** Kurt Cobain von Nirvana
c. Bono von U2 | **d.** Joe Strummer von The Clash

436. Robert Zimmermann nannte sich später

a. Robert Palmer | **b.** Bob Geldorf
c. Bob Dylan | **d.** Bob Hope

437. Wer wurde mit dem Song »We are the Champions« berühmt?

a. Queen | **b.** Pink Floyd
c. Genesis | **d.** Deep Purple

Kunst

438. Zu den Sieben Weltwundern gehörte

a. die Akropolis in Athen | **b.** der Pergamonaltar
c. die Zeusstatue in Olympia | **d.** die Goldmaske des Agamemnon aus Mykene

439. In welcher Stadt stehen die bedeutendsten Pyramiden Ägyptens?

a. Kairo | **b.** Gizeh
c. Assuan | **d.** Alexandria

440. In der Gotik wird etwas Wesentliches entdeckt.

- **a.** Strebebögen machen lichtdurchflutende Fenster möglich.
- **b.** Große Mauerflächen bieten Platz für riesige Wandmalereien.
- **c.** In den vielen Seitenkapellen ist Platz für jede Menge Reliquien.
- **d.** (Wehr-)Kirchen erfüllen oft die Funktion von Burgen.

441. Die Sixtinische Kapelle im Vatikan besticht durch ihre farbenprächtigen

- **a.** Ikonen
- **b.** Reliquienschreine
- **c.** Fensterbilder
- **d.** Fresken

442. Welchen Beruf übte Tilman Riemenschneider aus?

- **a.** Steinmetz
- **b.** Holzschnitzer
- **c.** Maler
- **d.** Architekt

443. Die »Sixtinische Madonna« hängt in

- **a.** Rom
- **b.** Dresden
- **c.** Florenz
- **d.** Berlin

444. Die »Mona Lisa« gehört epochenmäßig

- **a.** zur Renaissance
- **b.** zum Barock
- **c.** zum Rokoko
- **d.** zum Manierismus

445. Welcher holländische Maler schuf das Gemälde »Die Nachtwache«?

- **a.** Peter Paul Rubens
- **b.** Jan Vermeer
- **c.** Rembrandt
- **d.** Frans Hals

Heute gilt dieses Gemälde als Meisterwerk, in der Vergangenheit ist man aber teilweise doch ziemlich respektlos mit ihm umgesprungen. Als es im 18. Jahrhundert vom Festsaal der Schützengilde ins Rathaus umgehängt werden sollte, wurde das Bild an den Seiten und oben beschnitten, damit es besser an seinen neuen Aufbewahrungsort passt. Deshalb sind einige Figuren nicht mehr ganz zu sehen. Auch im 20. Jahrhundert gab es noch »Anschläge« auf das Bild, jetzt aber ausschließlich von verwirrten Menschen.

446. Welche künstlerische Strömung gehört *nicht* zur Modernen Kunst?

- **a.** Impressionismus
- **b.** Jugendstil
- **c.** Kubismus
- **d.** Realismus

447. In welcher Stadt findet man die Alte Pinakothek?

- **a.** Dresden
- **b.** Regensburg
- **c.** München
- **d.** Augsburg

448. Sandro Botticelli malte unter anderem

- **a.** »Dame und Hermelin«
- **b.** »Die Geburt der Venus«
- **c.** »Die Sixtinische Madonna«
- **d.** »Das Abendmahl«

449. Welches Schloss erbaute Ludwig II. von Bayern?

- **a.** Sanssouci
- **b.** Neuschwanstein
- **c.** Versailles
- **d.** Nymphenburg

450. Wer ist berühmt für seine Sonnenblumenbilder?

- **a.** Georges Seurat
- **b.** Paul Signac
- **c.** Vincent van Gogh
- **d.** Odilon Redon

451. Franz Marc, August Macke und Wassily Kandinsky sind Vertreter der Künstlergruppe

- **a.** Der blaue Reiter
- **b.** Die Brücke
- **c.** Schule von Barbizon
- **d.** Worpswede

452. Was baute/gründete Walter Gropius 1919 in Dessau?

- **a.** die Kunstschule *Staatliches Bauhaus*
- **b.** die Neue Nationalgalerie
- **c.** zwei Häuser für die Siedlung am Weißenhof
- **d.** die Villa Esche

453. Wer malte das Bild »Goldene Adele«, das 2006 als bis dahin teuerstes Gemälde für 135 Millionen US-Dollar versteigert wurde?

- **a.** Arnold Böcklin
- **b.** Gustav Klimt
- **c.** Edgar Degas
- **d.** Paul Klee

454. Pablo Picassos Bild »Guernica« entstand

a. 1917
b. 1937
c. 1944
d. 1969

455. Zu welcher Kunstrichtung werden Magritte und Dalí gezählt?

a. Dadaismus
b. Konstruktivismus
c. Surrealismus
d. Naive Kunst

456. Wer ist ein Hauptvertreter der Neuen Sachlichkeit?

a. Pablo Picasso
b. Otto Dix
c. Gerhard Richter
d. Michelangelo

457. Was machte der Objektkünstler Christo 1995?

a. Verhüllung des Reichstags mit Folie
b. Vorhang durch ein 400 Meter breites Tal in Colorado spannen
c. 13 große Schneebälle im Juni mitten in London platzieren
d. Kunstprojekt »7000 Eichen« für Kassel

458. Für was ist Friedensreich Hundertwasser bekannt?

a. für seine bunten Frauenfiguren
b. für sein farbenprächtiges Gebäude in Wien
c. für die Gestaltung des Bahnhofs in Uelzen
d. Die Antworten b und c sind richtig.

Geowissenschaften

459. Das Lichtjahr ist

a. eine Zeiteinheit
b. eine Längenangabe
c. eine Geschwindigkeit
d. eine Helligkeitsangabe

460. Wie lange braucht das Licht der Sonne bis zu uns auf die Erde?

a. 1 Nanosekunde
b. 1 Sekunde
c. 3,5 Minuten
d. 8 Minuten

461. Welche Farbe hat langwelliges Licht?

a. violett
b. blau
c. rot
d. gelb

462. Wann fand wahrscheinlich der Urknall statt?

a. vor 13,7 Milliarden Jahren
b. vor 9 Milliarden Jahren
c. vor 4,5 Milliarden Jahren
d. vor 70 Millionen Jahren

463. Im Weltall wirken noch unbekannte Gravitationskräfte. Man nennt sie

a. Dunkle Materie
b. Dunkle Macht
c. Dunkle Energie
d. Dunkle Strahlung

464. Als »Supernova« bezeichnet man

a. unser Sonnensystem
b. das Aufblähen eines massearmen Sterns
c. einen großen Stern, der explodiert
d. den Urknall

465. Die Erde ist in unserem Sonnensystem von innen aus gezählt

a. der zweite Planet
b. der dritte Planet
c. der vierte Planet
d. der fünfte Planet

466. Die Erdkruste

a. besteht aus einzelnen Platten, die wie Eisschollen aneinanderreiben
b. ist ein fester, dicker Mantel um einen flüssigen Eisenkern herum
c. besteht aus einer einzigen zusammenhängenden Platte
d. bildet größere zusammenhängende Stücke, die wie Eisschollen auf der flüssigen Magmasuppe umhertreiben

467. Die Dinosaurier lebten

a. im Präkambrium
b. in der Eiszeit
c. im Mesozoikum
d. in der Steinzeit

468. Der Homo sapiens lebte im

a. Pleistozän
b. Holozän
c. Pliozän
d. Miozän

469. Wie viele Menschen leben aktuell (2013) auf der Erde?

a. 12 Millionen
b. 3 Milliarden
c. 7 Milliarden
d. 15 Milliarden

470. Protonen sind

a. mal positiv und mal negativ geladen
b. elektrisch neutral
c. elektrisch negativ geladen
d. elektrisch positiv geladen

471. Welches Element hat die Ordnungszahl 1 des Periodensystems?

a. Sauerstoff
b. Kohlenstoff
c. Wasserstoff
d. Helium

472. O_3 ist die chemische Formel für

a. Methan
b. Sauerstoff
c. Stickstoff
d. Ozon

473. Wo steht der größte Teilchenbeschleuniger?

a. Chicago
b. Stanford
c. Hamburg
d. Genf

474. Wie lautet Einsteins berühmte Formel zur Äquivalenz von Masse und Energie?

a. $e^{i\pi} + 1 = 0$
b. $E = m \cdot c^2$
c. $\lambda = h/p$
d. $F = m \cdot a$

475. Fixsterne

a. drehen sich mit hoher Geschwindigkeit um die Sonne
b. haben den Höhepunkt ihrer Strahlkraft erreicht
c. stehen seit Urzeiten fest am Himmel
d. haben das Endstadium ihrer Entwicklung erreicht

476. Wie heiß ist das Innerste der Sonne?

a. etwa 6000 Grad Celsius
b. etwa 10 Millionen Grad Celsius
c. etwa 70 000 Grad Celsius
d. etwa 1 Million Grad Celsius

477. Bei Neumond steht

a. der Mond zwischen Erde und Sonne
b. die Erde zwischen Mond und Sonne
c. der Mond in einem 90-Grad-Winkel zur Erde und zur Sonne
d. der Mond im Halbschatten der Erde

478. Saturn hat auffällige Ringe. Sie sind riesig im Durchmesser (der äußerste hat einen Durchmesser von 960 000 Kilometern). Wie breit sind sie?

a. nur wenige hundert Meter
b. 100 Kilometer
c. 10 000 Kilometer
d. 1 Millionen Kilometer

479. Die Lichterscheinung, die wir umgangssprachlich als Sternschnuppe bezeichnen, heißt wissenschaftlich

a. Meteorit
b. Meteorid
c. Meteor
d. Asteroid

480. Womit wird der Luftdruck gemessen?

a. Hydrometer
b. Thermometer
c. Barometer
d. Refraktometer

481. Welches ist der kürzeste Tag des Jahres auf der Nordhalbkugel?

a. 1. Dezember
b. 21. Dezember
c. 31. Dezember
d. 6. Januar

482. Wodurch entstehen Tag und Nacht?

a. durch die geneigte Erdachse
b. durch die Eigenrotation der Erde
c. durch die Drehung der Erde um die Sonne
d. durch die Intensität der Sonneneinstrahlung

483. In welche Richtung drehen Tiefdruckgebiete auf der Nordhalbkugel?

a. im Uhrzeigersinn
b. gegen den Uhrzeigersinn
c. gar nicht
d. mal in die eine, mal in die andere Richtung

Verantwortlich für diesen Effekt ist die sogenannte Corioliskraft, die in sich drehenden Systemen auftritt. Ähnlich wie Tiefdruckgebiete verhält sich Wasser, wenn es in einen Ausguss fließt.

484. Wie heißt der Ort, durch den der Nullmeridian läuft?

- **a.** Paris
- **b.** Greenwich
- **c.** Lissabon
- **d.** Berlin

485. Welche Winde halfen Kolumbus bei der Entdeckung Amerikas?

- **a.** Südwestwindzone
- **b.** Nordwestwindzone
- **c.** Passatwinde
- **d.** Monsunwinde

486. Den kühlen, nährstoffreichen Humboldtstrom findet man

- **a.** an der Ostküste Südamerikas
- **b.** an der Ostküste Australiens
- **c.** von der Karibik an der Ostküste Nordamerikas entlang bis zur Arktis
- **d.** an der Westküste Südamerikas

487. Von Seeklima spricht man, wenn

- **a.** milde Sommer und milde Winter vorherrschen
- **b.** es im Sommer heiß und im Winter bitterkalt ist
- **c.** der Wind ständig von See her weht
- **d.** große Seen das Wetter bestimmen

488. Wolken bestehen aus

- **a.** Wasserdampf
- **b.** Wassertröpfchen
- **c.** Ozon
- **d.** Luft

489. Hochdruckgebiete drehen sich auf der Nordhalbkugel

- **a.** gar nicht
- **b.** gegen den Uhrzeigersinn
- **c.** im Uhrzeigersinn
- **d.** je nachdem wie der Wind weht

490. Welche Stadt Europas hat die meisten Einwohner?

- **a.** Moskau
- **b.** Istanbul (europäischer Teil)
- **c.** London
- **d.** St. Petersburg

491. Welcher ist der kleinste Flächenstaat Asiens?

a. Bahrain **b.** Singapur
c. Malediven **d.** Zypern

492. Wie heißt die Hauptstadt von Kanada?

a. Toronto **b.** Canberra
c. Montreal **d.** Ottawa

493. Von welchem Land ist Oslo die Hauptstadt?

a. Schweden **b.** Norwegen
c. Island **d.** Dänemark

494. Die Sahelzone in Afrika ist überwiegend

a. semiarid **b.** humid
c. arid **d.** semihumid

495. Welches ist die größte Insel Deutschlands?

a. Sylt **b.** Usedom
c. Rügen **d.** Fehmarn

496. In welchem Bundesland liegt Görlitz?

a. Sachsen-Anhalt **b.** Thüringen
c. Sachsen **d.** Brandenburg

497. Welche Stadt ist auch bekannt als »Elbflorenz«?

a. Dessau **b.** Magdeburg
c. Wittenberg **d.** Dresden

Biologie

498. Bei 0 Grad Celsius wechselt Wasser den Aggregatzustand. Von welchem zu welchem?

a. flüssig zu fest **b.** gasförmig zu flüssig
c. flüssig zu gasförmig **d.** gasförmig zu fest

499. Um was geht es bei den Mendelschen Gesetzen?

a. Vererbungslehre
b. Evolutionslehre
c. Verhaltensforschung
d. Molekularbiologie

500. Was enthält die DNS?

a. Proteine für das Wachstum
b. Kohlenstoffatome
c. Synapsen
d. Erbinformation

501. Protein ist

a. Fett
b. ein Eiweißbaustein
c. ein Kohlenhydrat
d. Zucker

502. Die Ozonschicht

a. ist der Schutzschirm über der Atmosphäre, der schädliche Strahlung abhält
b. ist die Grenze zwischen Weltraum und der Erdatmosphäre
c. begrenzt das Wettergeschehen nach oben
d. sorgt für den Treibhauseffekt

503. Welche Reihenfolge gilt bei der systematischen Einteilung von Lebewesen?

a. Klasse – Stamm – Gattung – Ordnung – Familie – Art
b. Ordnung – Familie – Art – Gattung – Stamm – Klasse
c. Stamm – Klasse – Ordnung – Familie– Gattung – Art
d. Gattung – Stamm – Familie – Ordnung – Klasse – Art

504. Eine Flechte ist

a. ein Pilz, der mit einer Alge zusammenlebt
b. eine Landpflanze ohne Stützgewebe
c. ein Bakterium
d. eine Unterordnung der Schwämme

505. Welche Ähren der genannten Getreidesorten haben lange Grannen?

a. Weizen
b. Roggen
c. Gerste
d. Hafer

506. Welche Tierklasse ist die artenreichste?

a. Fische **b.** Vielborster
c. Spinnentiere **d.** Insekten

Nur damit hier keine Missverständnisse auftreten: Vielborster sind keine Schweine oder andere als Borstenvieh titulierten Tiere, sondern Würmer mit vielen Borsten.

507. Aus wie vielen Einzelaugen besteht das Facettenauge einer Großlibelle?

a. 50 000 **b.** 300
c. 2700 **d.** 20

508. Mit dem Bienentanz informieren die Bienen ihre Kolleginnen

a. über Feinde im Anflug **b.** über reichhaltige Futterquellen
c. über Wetterveränderungen **d.** über Waldbrände

509. Frösche atmen mithilfe ihrer

a. Kiemen **b.** Augen
c. Tracheen **d.** Haut und Lunge

510. Fledermäuse halten

a. Trockenschlaf **b.** Sommerschlaf
c. Winterruhe **d.** Winterschlaf

511. Der Gesang von Singvögeln

a. ist angeboren **b.** muss erlernt werden
c. wird in jeder Generation neu kreiert **d.** ist artübergreifend

512. Koalas gehören zu den

a. Beutelsäugern **b.** Kloakentieren
c. Reptilien **d.** Fledertieren

Kloakentiere sind eine Untergruppe der Säugetiere, die in Australien und Neuguinea leben. Das Besondere an ihnen ist, dass sie zwar Säugetiere sind, aber trotzdem Eier legen.

513. Die roten Blutkörperchen

- **a.** transportieren den Sauerstoff
- **b.** nennt man »Körperpolizei« und sie gehören zum Immunsystem
- **c.** sorgen für die Blutgerinnung
- **d.** findet man nur in der Herzkammer

514. Wie werden die Blutgefäße bezeichnet, die vom Herzen wegführen?

- **a.** Venen
- **b.** Arterien
- **c.** Kapillare
- **d.** Lymphgefäße

515. Die Aorta ist die

- **a.** Lungenarterie
- **b.** Lungenvene
- **c.** Hohlvene
- **d.** Hauptschlagader

516. Wie nennt der Zahnarzt Zahnfleischentzündung?

- **a.** Karies
- **b.** Parodontose
- **c.** Bruxismus
- **d.** Dentophobie

517. In welcher Reihenfolge wandert unsere Nahrung durch den Körper?

- **a.** Mund – Rachen – Speiseröhre – Magen – Dünndarm – Dickdarm
- **b.** Mund – Speiseröhre – Rachen – Magen – Dünndarm – Dickdarm
- **c.** Mund – Rachen – Speiseröhre – Magen – Dickdarm – Dünndarm
- **d.** Mund – Rachen – Magen – Speiseröhre – Dünndarm – Dickdarm

518. Wie lang ist unser Darm?

- **a.** 1 Meter
- **b.** 4 Meter
- **c.** 8 Meter
- **d.** 20 Meter

519. Die funktionierende Niere ist verantwortlich für

- **a.** die Entfernung von Kohlensäure
- **b.** die Ausscheidung von Abfallprodukten
- **c.** die Eliminierung von überflüssigem Material aus dem Blut
- **d.** Die Antworten b und c sind richtig.

520. Wie werden bei Synapsen Signale übertragen?

- **a.** elektrisch
- **b.** chemisch
- **c.** chemisch oder elektrisch
- **d.** mechanisch

521. Was trennt Mittelohr und äußeren Gehörgang?

a. Trommelfell **b.** rundes Fenster
c. ovales Fenster **d.** Schnecke

522. Wie viele Spermien schwimmen durchschnittlich in einem Ejakulat?

a. 40 bis 50 Millionen **b.** 400 bis 600 Millionen
c. 400 bis 500 **d.** 4 bis 5 Millionen

523. Wann entstehen die Eizellen einer Frau?

a. zu Beginn der Menstruation **b.** mit Beginn der Pubertät
c. schon vor der Geburt **d.** nach dem ersten Geschlechtsakt

524. Mit Klimakterium bezeichnet man

a. die Wechseljahre **b.** den Eisprung
c. die fruchtbaren Tage **d.** das Einnisten der befruchteten Eizelle im Uterus

525. Durch was wird der Zyklus in den weiblichen Fortpflanzungsorganen gesteuert?

a. Antikörper **b.** Vitamine
c. Hormone **d.** Nährstoffe

526. Wie viele Knochen hat ein Mensch?

a. ca. 50 **b.** ca. 100
c. ca. 200 **d.** ca. 300

527. Ein Beispiel für ein Kugelgelenk ist

a. der Kiefer **b.** die Hüfte
c. der Knöchel **d.** der Ellenbogen

528. Welches der folgenden Organe gehört *nicht* zum Lymphsystem?

a. Mandeln **b.** Knochenmark
c. Leber **d.** Milz

529. Ein Faktor, der nicht mit Haarausfall zusammenhängt, ist

a. Genetik **b.** Kopfhautverletzungen
c. Krankheiten **d.** Karotinmangel

530. Welche Krankheit wird von Moskitos übertragen?

a. Malaria **b.** Syphilis
c. Hepatitis **d.** Typhus

531. Wie heißt der Zeitraum zwischen Ansteckung und Ausbruch einer Krankheit?

a. Ontogenese **b.** Eintrittszeit
c. Inkubationszeit **d.** Enkoimesis

Physik und Chemie

532. Welche Lichtstrahlung hat die höchste Energie?

a. violette **b.** rote
c. blaue **d.** gelbe

533. Wie nennt man den Energierest, der bei jedem Umwandlungsprozess verloren geht?

a. Bewegungsenergie **b.** Abwärme
c. Puffer **d.** Erdwärme

534. Wer hat die Gesetze für die Einheit »Kraft« entwickelt?

a. Isaac Newton **b.** Galileo Galilei
c. Albert Einstein **d.** Archimedes

535. Welche Entdeckung begann mit dem Herunterfallen eines Apfels?

a. Prinzip der Gravitation (Schwerkraft) **b.** Prinzip der Beschleunigung
c. Prinzip der Lichtgeschwindigkeit **d.** Prinzip der Fliehkraft

Dieser Apfel fiel dem Herrn, ich verrate hier nicht zu viel, wenn ich Ihnen sage, dass es Isaac Newton war, auf den Kopf. So sagt es zumindest eine Version der Geschichte, es gibt auch noch andere, bei denen Newton den Apfel nur beobachtet und sich fragt, warum dieser nicht quer »falle«. So verhelfen auf den ersten Blick alltägliche Vorgänge manchmal zu großen Erkenntnissen.

536. Bei 100 Grad Celsius geht Wasser vom flüssigen in den gasförmigen Zustand über. Man nennt diesen Prozess

- **a.** Bewegung
- **b.** Verdunstung
- **c.** Schmelze
- **d.** Kondensation

537. Geschwindigkeit wird gemessen mit

- **a.** Kraft mal Weg
- **b.** Zeit pro Gewicht
- **c.** Weg pro Zeit
- **d.** Fahrt durch Zeit

538. Auf welcher Höhe müssen geostationäre Satelliten stehen, damit Fliehkraft und Erdanziehungskraft ausgeglichen sind?

- **a.** 200 Kilometer
- **b.** 800 Kilometer
- **c.** 6000 Kilometer
- **d.** 36 000 Kilometer

539. Wie lautet die Maßeinheit für die Frequenz?

- **a.** Candela
- **b.** Mol
- **c.** Hertz
- **d.** Ohm

540. In welchem Medium breitet sich Schall am besten aus?

- **a.** Luft
- **b.** Wasser
- **c.** Stahl
- **d.** Vakuum

541. Was besagt das Reflektionsgesetz?

- **a.** Der Einfallswinkel ist gleich dem Ausfallswinkel.
- **b.** Der Ausfallswinkel beträgt immer 90 Grad.
- **c.** Wasser reflektiert das Licht.
- **d.** Licht wird bei Reflektion in die Spektralfarben aufgespalten.

542. Was besteht zu ca. 21 Prozent aus Sauerstoff?

- **a.** Wasser
- **b.** Sand
- **c.** Luft
- **d.** Die Antworten a und c sind richtig

543. Was entsteht, wenn man Kupfer mit Zinn mischt?

- **a.** Eisen
- **b.** Messing
- **c.** Bronze
- **d.** Nickel

544. Wenn man Fett und Wasser mischt, entsteht

a. eine Emulsion
b. eine Suspension
c. eine Lösung
d. ein Aerosol

545. Eisensulfid ist

a. eine Verbindung
b. ein Gemisch
c. ein Molekül
d. Die Antworten a und c sind richtig.

546. Der wichtigste Baustein der Organischen Chemie ist

a. Chlor
b. Wasserstoff
c. Kohlenstoff
d. Stickstoff

547. Proteine setzen sich zusammen aus

a. Aminosäuren
b. Kohlehydraten
c. Zuckermolekülen
d. Glukose

548. Der Chemiker sagt zu Fetten

a. Proteine
b. Lipide
c. Katalysatoren
d. Enzyme

549. Die Entwicklung der Ammoniaksynthese hatte große wirtschaftliche Bedeutung. Was wurde damit erreicht?

a. Gewinnung von Stickstoff zur Düngung
b. Entwicklung von Pflanzenschutzmitteln
c. neue Arzneimittel gegen Infektionskrankheiten
d. Herstellung von Soda für die Glas-, Wasch- und Reinigungsmittelindustrie

550. Was entsteht, wenn man Schwefel, Salpeter und Holzkohle miteinander vermischt?

a. Konservierungsmittel
b. der Farbstoff Ultramarin
c. Schießpulver
d. Dünger

551. Für welches Element steht die Abkürzung »Ag«?

a. Silber
b. Blei
c. Gold
d. Quecksilber

Technologie und Mathematik

552. Die Keilschrift stammt von den

a. Ägyptern **b.** Persern
c. Sumerern **d.** Chinesen

553. Kolumbus fuhr 1492 als erster Kapitän bewusst über den Atlantik, um Indien zu erreichen. Welches der folgenden vier Schiffe gehörte *nicht* zu seiner Flotte?

a. Santa Maria **b.** Pinta
c. Victoria **d.** Nina

Lange vor Kolumbus waren schon die Wikinger nach Amerika gefahren. Leif Eriksson reiste im 10. Jahrhundert von Grönland nach Amerika, oder Vinland, wie er es nannte. Allerdings hatten die gegründeten Siedlungen keinen Bestand und so geriet diese Episode in Vergessenheit. Erst im 20. Jahrhundert wurde endgültig nachgewiesen, dass die Wikinger Amerika vor Kolumbus entdeckt hatten.

554. Die Expedition von welchem Kapitän segelte 1522 zum ersten Mal um die Welt?

a. Marco Polo **b.** Ferdinand Magellan
c. Willem Barents **d.** Vasco da Gama

555. Das Prinzip des Ottomotors ist

a. die explosive Verbrennung eines Luft-Gas-Gemischs
b. die Ansaugung und Kompression von Luft, sodass sie heiß wird und sich selbst entzündet
c. der Druck von Wasserdampf, der auf einen Kolben wirkt
d. die Verbrennung von Kohle

556. Wann wurde in England die erste öffentliche Eisenbahnstrecke eingerichtet?

a. 1780 **b.** 1804
c. 1825 **d.** 1890

557. Was fand der Kaufmann und Hobbyarchäologe Heinrich Schliemann in den 1870er Jahren?

a. Tutanchamuns Grab **b.** Nofretetes Büste
c. Troja **d.** das Grab Alexanders d. Großen

558. Henry Ford erfand 1913

- **a.** die Fließbandproduktion
- **b.** die Stoppuhr
- **c.** die Autobatterie
- **d.** den Scheibenwischer

559. Kohlekraftwerke ohne Fernwärmenutzung haben einen Wirkungsgrad von

- **a.** 15 Prozent
- **b.** 33 Prozent
- **c.** 50 Prozent
- **d.** 90 Prozent

560. Mit Fotovoltaik bezeichnet man

- **a.** die direkte Nutzung des Lichts
- **b.** die indirekte Nutzung der Wärme
- **c.** die direkte Nutzung der Wärme
- **d.** die indirekte Nutzung des Lichts

561. Ein Flugzeug fliegt, weil

- **a.** die Düse ihm nach hinten einen Rückstoß versetzt
- **b.** der Propeller es nach vorne und oben zieht
- **c.** es durch die Tragflächen vom Wind getragen wird
- **d.** über der Tragfläche ein geringerer Druck herrscht als unter dem Flügel

562. Wie hieß der erste künstliche Satellit im All?

- **a.** Explorer
- **b.** Sputnik
- **c.** Asterix
- **d.** SAT 1

563. Der erste Mensch im Weltraum war

- **a.** Sigmund Jähn
- **b.** Neil Armstrong
- **c.** Juri Gagarin
- **d.** Laika Kudrjawka

564. Das Wort Hygiene wird abgeleitet von

- **a.** dem griechischen Wort für »Hände waschen«
- **b.** dem Namen der griechischen Göttin Hygiéia
- **c.** dem lateinischen Wort für Sauberkeit
- **d.** dem Bischof Hyginus, dem Schutzpatron der Kranken

565. Mit Antibiotika bekämpft man

- **a.** Viruserkrankungen
- **b.** bakterielle Infektionskrankheiten
- **c.** Pilze
- **d.** Würmer

566. Die erste Herztransplantation erfolgte 1967 in

a. Kapstadt **b.** London
c. Stockholm **d.** Chicago

567. Welches ist das am häufigsten transplantierte Organ in Deutschland?

a. Herz **b.** Leber
c. Niere **d.** Lunge

568. Wann wurde das erste Seekabel zwischen Europa und Amerika verlegt?

a. 1858 **b.** 1878
c. 1898 **d.** 1918

569. Der Schotte Graham Bell wurde 1876 berühmt durch sein Patent für

a. den Phonografen **b.** das Telefon
c. die Wasserturbine **d.** den Blitzableiter

570. Welches Verfahren komprimiert Musik in einer digitalen Audiodatei?

a. JPEG **b.** MP3
c. ZIP **d.** mRNA

571. UKW hat eine Reichweite

a. von 10 bis 200 Kilometern **b.** von 1000 Kilometern
c. von mehreren 1000 Kilometern **d.** einmal um den gesamten Erdball (weltweit)

572. Das Maß für die Auflösung eines Bildes ist

a. ISO **b.** L/mm (Linien pro Millimeter)
c. Pixel **d.** bit

573. Konrad Zuse gilt als der Erfinder

a. einer mit Lochkarten bestückten Maschine, die multiplizieren konnte **b.** der ersten elektronischen Rechenmaschine
c. des Transistors **d.** des ersten programmierbaren Computers

574. Das europäische Satellitennavigationssystem, das 2014 seinen Betrieb aufnehmen soll, heißt

a. Galileo
b. Kepler
c. Kopernikus
d. Leonardo

575. Computer verwenden das

a. Dezimalsystem
b. Hexadezimalsystem
c. duale Zahlensystem
d. Oktalsystem

576. Das in der Informatik verwendete Hexadezimalsystem verwendet als Basis die

a. 7
b. 10
c. 16
d. 24

577. Der Dreisatz wird verwendet,

a. wenn aus einem Verhältnis zwischen drei Zahlen eine unbekannte Zahl berechnet werden soll
b. um die Seiten eines Dreiecks zu berechnen
c. wenn ein Dreisprung berechnet werden soll
d. um die Fläche eines Pentagramms zu berechnen

578. Mit der Formel $2\pi r$ berechnet man

a. den Radius eines Kreises
b. den Umfang eines Kreises
c. die Fläche eines Kreises
d. den Durchmesser eines Kreises

Die Zahl π, gesprochen Pi, ist schon recht lange bekannt. Die alten Ägypter kannten sie schon, allerdings rechneten sie mit 3,16 und nicht mit 3,1415… wie wir heute. So genau waren dann aber schon die Griechen im 3. Jahrhundert v. u. Z.

579. Wodurch zeichnet sich ein spitzwinkliges Dreieck aus?

a. Alle Winkel sind kleiner als 90 Grad.
b. Ein Winkel hat 90 Grad.
c. Ein Winkel hat zwischen 90 Grad und 180 Grad.
d. Keine der Antworten ist richtig.

580. Wie viele Seiten hat ein Tetraeder?

a. 3 **b.** 4
c. 5 **d.** 6

581. Die Auflösung von Gleichungen und Ungleichungen nennt man in der Mathematik

a. Geometrie **b.** Algebra
c. Stochastik **d.** Arithmetik

582. Welches ist die kleinste Primzahl?

a. 1 **b.** 2
c. 3 **d.** 4

Politik, Gesellschaft, Wirtschaft

583. »Die protestantische Ethik und der Geist des Kapitalismus« (1904) ist das bekannteste Werk von

a. Georg Simmel **b.** Max Weber
c. Ferdinand Tönnies **d.** Émile Durkheim

584. Der Staatsmann Thomas Morus beschreibt 1516 eine ideale Gesellschaft. Sein Roman heißt:

a. »Utopia« **b.** »Leviathan«
c. »Nova Atlantis« **d.** »Politeia«

585. In welchem offiziellen Dokument wurden das erste Mal die allgemeinen Menschenrechte formuliert?

a. in der englischen Magna Carta **b.** In der französischen Erklärung der Menschen- und Bürgerrechte
c. in der englischen Habeas-Corpus-Akte **d.** in der amerikanischen Unabhängigkeitserklärung

586. Wie wird die Handelsgesellschaft genannt, bei der sich das Stammkapitel auf 25.000 Euro beläuft?

a. GbR **b.** GmbH
c. KG **d.** AG

587. Das Wort »Politik« kommt aus dem Griechischen und bedeutet

a. Entscheidungen treffen **b.** öffentliche Sache
c. die Stadt/die Gemeinschaft betreffend **d.** Macht ausüben

588. Ordnen Sie die drei Begriffe Polity, Policy, Politics diesen Beschreibungen zu:

a. _______________ steht für die Inhalte der Politik, zum Beispiel der Parteien oder der Regierung.

b. _______________ meint die Umsetzung der jeweiligen Inhalte und setzt Kompromisse zwischen den politischen Akteuren voraus.

c. _______________ ist der Handlungsrahmen für die konkrete Politik und ist in der Verfassung, dem Recht und der Tradition eines politischen Systems festgeschrieben.

589. Welcher Grundsatz des Rechtsstaatsbegriffs bezieht sich auf den Schutz vor unangemessener Beeinträchtigung der Rechte des Einzelnen?

a. Gesetzmäßigkeit **b.** Rückwirkungsverbot
c. Rechtsweggarantie **d.** Verhältnismäßigkeit

590. In Deutschland wird die Legislative repräsentiert durch

a. Regierung und Verwaltung **b.** alle Gerichte
c. Bundestag und Länderparlamente **d.** Presseorgane

591. Wann ist das Grundgesetz zur Verfassung der Bundesrepublik Deutschland geworden?

a. 1919 **b.** 1949
c. 1990 **d.** 2001

592. Welches Land ist *kein* föderalistisches Land?

a. Deutschland **b.** Frankreich
c. Australien **d.** Indien

593. Welches ist das kleinste Flächenland der Bundesrepublik?

a. Saarland **b.** Sachsen
c. Thüringen **d.** Schleswig-Holstein

594. Welche Aufgabe gehört nicht zu den Aufgaben des Bundestages?

a. Gesetzbeschluss

b. Wahl des Bundeskanzlers

c. Wahl des Bundespräsidenten (als Teil der Bundesversammlung)

d. Ernennung der Bundesminister

595. Was ist mit Fraktionsdisziplin gemeint?

a. Abgeordnete einer Partei einigen sich darauf, einheitlich abzustimmen.

b. Die Fraktionen einigen sich darauf, morgens pünktlich anzufangen.

c. Abgeordnete einer Partei werden gezwungen, an jeder Sitzung des Parlaments teilzunehmen.

d. Abgeordnete müssen während einer Legislaturperiode in ihrer Fraktion verbleiben.

Fraktionsdisziplin, auch Fraktionszwang genannt, hört sich nach einem unheimlich offiziellen Begriff an. Das ist sie aber nicht. Sie werden in Deutschland kein Gesetz finden, das Abgeordnete zwingt, sich der Fraktionsdisziplin zu unterwerfen, schließlich gilt in Deutschland offiziell das Prinzip des freien Mandats. Die Fraktionsdisziplin funktioniert mehr informell, ein Abgeordneter, der sich nicht an sie hält, wird eher Probleme haben, bei der nächsten Wahl wieder aufgestellt zu werden.

596. Die Stimmen eines Bundeslandes im Bundesrat richten sich nach

a. der Größe des Bundeslandes

b. der Einwohnerzahl des Bundeslandes

c. der Menge der in der Regierung eines Landes vertretenen Parteien

d. der Bevölkerungsdichte

597. Für wie viele Jahre wird der Bundespräsident gewählt?

a. 3 Jahre

b. 4 Jahre

c. 5 Jahre

d. 6 Jahre

598. Wer kann eine Verfassungsbeschwerde führen?

a. jeder, der gegenwärtig und unmittelbar betroffen ist

b. jeder, der bereits alle Rechtswege ausgeschöpft hat

c. jeder stellvertretend für jeden anderen

d. Die Antworten a und b sind richtig.

599. In den Flächenländern heißen die Parlamente

- **a.** Bürgerschaft
- **b.** Abgeordnetenhaus
- **c.** Landtag
- **d.** Nationalrat

600. Zu den kommunalen Gebietskörperschaften zählen

- **a.** Gemeinden
- **b.** (Land-)Kreise
- **c.** Landschaftsverbände
- **d.** Alle Antworten sind richtig.

601. Eine Behörde ist eine Einrichtung der

- **a.** Exekutive
- **b.** Judikative
- **c.** Legislative
- **d.** Die Antworten a und c sind richtig.

602. Die Beratung über Gesetzesvorlagen passiert in sogenannten

- **a.** Lesungen
- **b.** Vorträgen
- **c.** Anhörungen
- **d.** Referaten

603. Welches Mittel der direkten Demokratie führt zu einer Abstimmung über ein Anliegen in einer Kommune?

- **a.** Bürgeranfrage
- **b.** Bürgerentscheid
- **c.** Referendum
- **d.** Volksabstimmung

604. Wie viele Staaten sind Mitgliedsstaaten der Vereinten Nationen?

- **a.** 146
- **b.** 193
- **c.** 206
- **d.** 265

605. Seit 2007 heißt der Generalsekretär der Vereinten Nationen

- **a.** Ban Ki-moon
- **b.** Manuel Barroso
- **c.** Mohammed el-Baradei
- **d.** Kofi Annan

606. Der UN-Sicherheitsrat hat fünf ständige Mitglieder. Einer der folgenden Staaten ist kein ständiges Mitglied.

- **a.** Vereinigte Staaten von Amerika
- **b.** Frankreich
- **c.** China
- **d.** Japan

Neben den fünf ständigen Mitgliedern gibt es auch zehn nichtständige Mitglieder. Von Letzteren werden jeweils fünf pro Jahr für zwei Jahre gewählt. Allerdings besitzen die nichtständigen Mitglieder bei UNO-Resolutionen kein erweitertes Vetorecht. Das heißt, sie können einen Beschluss nicht allein mit ihrer Stimme verhindern.

607. Welcher Mitgliedsstaat der Vereinten Nationen war zwischen 2004 und 2006 der Hauptfinanzierer der UNO?

a. Vereinigtes Königreich
b. Japan
c. Deutschland
d. Vereinigte Staaten von Amerika

608. Welche Unterorganisation der UNO ist für das Welternährungsprogramm zuständig?

a. UNICEF
b. WFP
c. UNHCR
d. UNESCO

609. Der Hauptsitz der UNESCO ist in

a. Washington
b. Genf
c. Den Haag
d. Paris

610. Was versteht man unter einem konstruktiven Misstrauensvotum?

a. Der Bundestag wählt einen neuen Bundespräsidenten.
b. Der Bundestag setzt den Bundeskanzler ab, indem er einen neuen Kanzler wählt.
c. Der Bundestag setzt einen Minister ab.
d. Der Bundestag stimmt bei einer Vertrauensfrage mehrheitlich gegen die Bundesregierung.

611. Wann wurde der Euro als Bargeld eingeführt?

a. 1. Januar 1999
b. 1. Januar 2000
c. 1. Januar 2002
d. 1. Januar 2005

612. Mit welchem Vertragswerk wurde die Europäische Union mit gemeinsamer Sicherheits- und Außenpolitik und Zusammenarbeit in den Bereichen Justiz und Inneres gegründet?

a. Römische Verträge
b. Maastricht-Vertrag
c. Vertrag von Lissabon
d. Vertrag über eine Verfassung für Europa

613. Das Europäische Parlament tagt in

- **a.** Brüssel
- **b.** Straßburg
- **c.** Luxemburg
- **d.** Die Antworten a und b sind richtig.

614. Welches Land gehört zur Eurozone?

- **a.** Norwegen
- **b.** Slowenien
- **c.** Großbritannien
- **d.** Keine der oben genannten Antworten ist richtig.

615. Welche Funktion hat die Europäische Kommission?

- **a.** Legislative
- **b.** Exekutive
- **c.** Judikative
- **d.** Haushaltsführung

Wirtschaft und Recht

616. Wie nannte man im Mittelalter einen Handwerkerzusammenschluss?

- **a.** Gilde
- **b.** Innung
- **c.** Zunft
- **d.** Hanse

617. Welcher deutsche Wirtschaftsminister prägte den Begriff der Sozialen Marktwirtschaft?

- **a.** Konrad Adenauer
- **b.** Kurt Schumacher
- **c.** Ludwig Ehrhard
- **d.** Franz Josef Strauß

618. Welche der folgenden Punkte sind Gestaltungselemente der Sozialen Marktwirtschaft?

- **a.** ☐ ja ☐ nein ungestörte Preisbildung für Güter und Leistungen an einem Markt
- **b.** ☐ ja ☐ nein keine staatlichen Kontrollen oder Marktregulierungen
- **c.** ☐ ja ☐ nein Staatliche Wettbewerbspolitik soll Marktmonopole verhindern.
- **d.** ☐ ja ☐ nein Der Staat kann das Marktgeschehen z. B. durch Konjunkturpolitik ergänzen.
- **e.** ☐ ja ☐ nein Die Verteilung von Ressourcen erfolgt durch eine Zentralinstanz.

619. Wie viele Unternehmen sind im DAX gelistet?

a. 20 **b.** 30
c. 40 **d.** 50

620. Welcher Tag ging als »Schwarzer Donnerstag« in die Wirtschaftsgeschichte ein?

a. 24. September 1869 **b.** 13. März 1907
c. 24. Oktober 1929 **d.** 16. Oktober 2007

621. Sparkassen entstanden im 19. Jahrhundert,

a. um Kapital anzusparen, um dem Risiko von Altersarmut zu begegnen
b. um Gewinne zu erzielen, die ausgeschüttet werden konnten
c. um Mikrokredite an Kleinunternehmer vergeben zu können
d. um billige Baussparverträge an ärmere Schichten zu vergeben

622. Im Drei-Säulen-Modell des Finanzsektors gehört die Raiffeisenbank zu den

a. öffentlich-rechtlichen Banken **b.** Genossenschaftsbanken
c. privaten Instituten **d.** Keine der Antworten ist richtig.

623. Wie nennt man das Prinzip der kollektiven Risikoübernahme?

a. Versicherung **b.** Kredit
c. Protektionismus **d.** Portefeuille

624. Welche Organisation befasst sich seit 1995 mit Wirtschafts- und Handelsbeziehungen, versucht Hemmnisse im Handel zu beseitigen und schlichtet Handelskonflikte?

a. Internationaler Währungsfonds (IWF)
b. Organisation für wirtschaftliche Zusammenarbeit und Entwicklung (OECD)
c. Weltbank
d. Welthandelsorganisation (WTO)

625. Wie viel Prozent ihres Bruttosozialprodukts sollen Industriestaaten für öffentliche Entwicklungshilfe aufwenden?

a. 0,7 Prozent **b.** 3 Prozent
c. 5 Prozent **d.** 10 Prozent

Diese Prozentzahl zeigt übrigens, dass Anspruch und Wirklichkeit manchmal weit auseinanderliegen und dass Versprechen auch von Staaten oft nicht viel wert sind. Im Jahr 2011 betrug die durchschnittliche Aufwendung der Industriestaaten weniger als die Hälfte der vorgegebenen Prozentzahl.

626. Wie werden die Maßnahmen genannt, mit denen Franklin D. Roosevelt den Folgen der Weltwirtschaftskrise der 20er und 30er Jahre des letzten Jahrhunderts begegnete?

a. Brain Trust
b. New Deal
c. Checks and Balances
d. Crowding-out

627. Einen allgemeinen und anhaltenden Rückgang der Preise für Waren und Dienstleistungen nennt man

a. Inflation
b. Reflation
c. Deflation
d. Keine der oben genannten Antworten ist richtig.

628. Inflation ist

a. die Erhöhung der Preise bei gleichzeitigem Absinken der Kaufkraft
b. das Absinken der Preise bei einem Nachfragerückgang
c. eine über Jahrzehnte gleichbleibende Entwicklung des Preises
d. die Erhöhung der Preise bei gleichzeitiger Erhöhung der Kaufkraft

629. Wie viel Prozent Umsatzsteuer zahlen wir in Deutschland beim Kauf von Büchern?

a. 7 Prozent
b. 10 Prozent
c. 19 Prozent
d. 21 Prozent

630. Wer gesetzmäßig handelt, handelt

a. legal
b. legitim
c. legislativ
d. legalistisch

631. Was findet man, wenn man im HGB, BGB, StGB oder SGB nachschlägt?

a. Präambeln
b. Paragrafen
c. Prologe
d. Paradigmen

632. Wie wird die Arbeitnehmervertretung in pädagogischen oder karitativen Einrichtungen neuerdings genannt?

a. Betriebsrat **b.** Mitarbeitervertretung
c. Personalrat **d.** Keine der Antworten ist richtig.

633. Welche Paragraphen des Grundgesetzes können nicht in ihrem Wesensgehalt verändert werden?

a. § 2 und § 15 **b.** § 1 und § 20
c. § 1 und § 2 **d.** § 19 und § 20

634. Ein Sühneversuch kann in einem Rechtsstreit unternommen werden bei

a. Hausfriedensbruch **b.** übler Nachrede
c. Sachbeschädigung **d.** Die Antworten a, b und c sind richtig.

635. Wie hoch ist der Tagessatz im Rahmen der Strafzumessung, der berechnet wird, um einen Freiheitsentzug zu vermeiden?

a. mindestens 1, höchstens 5000 Euro **b.** Nettoeinkommen pro Tag des Verurteilten
c. Wird vom Richter individuell festgelegt. **d.** ein Monatseinkommen des Verurteilten (30 Tagessätze)

636. Wann gilt man als vorbestraft?

a. bei einer Ordnungswidrigkeit **b.** bei Einstellung des Verfahrens gegen Buße
c. bei Entschädigung nach dem Zivilrecht **d.** Strafe wurde ausgesprochen und ist rechtskräftig.

637. In der UN-Kinderrechtskonvention sind folgende Rechte festgeschrieben.

a. Recht auf Gleichbehandlung **b.** Recht auf Bildung und Ausbildung
c. Recht auf Selbstbestimmung **d.** Die Antworten a und b sind richtig

638. Wer übernimmt Zwangsräumungen?

a. Rechtsanwalt **b.** Gerichtsvollzieher
c. Gläubiger **d.** Notar

Freizeit und Unterhaltung

639. Als Olympiade bezeichnet man

- **a.** den Ort, an dem die Olympischen Spiele in der Antike ausgetragen wurden
- **b.** die vier Jahre zwischen den Olympischen Spielen
- **c.** das Zeus-Heiligtum, wo den Göttern bei den Olympischen Spielen geopfert wurde
- **d.** einen erfolgreichen Teilnehmer bei den Olympischen Spielen

Häufig werden auch die Olympischen Spiele Olympiade genannt, aber das ist genau genommen nicht korrekt. Die Olympischen Spiele sind übrigens schon sehr alt, es gibt Siegerlisten, die bis ins Jahr 776 v. u. Z. zurückreichen, also in eine Zeit, als Rom, zumindest der Sage nach, noch nicht gegründet war.

640. Wer waren die ersten »offiziellen« Fußballspieler der Neuzeit, die die meisten heute noch geltenden Regeln festlegten?

- **a.** Studenten der Universität Cambridge
- **b.** Handwerksgesellen aus Basel
- **c.** Ledergerber aus Madrid
- **d.** Schüler eines Sportlehrers aus Braunschweig

641. Für welches Land spielte der Fußballer Pelé?

- **a.** Argentinien
- **b.** Mexiko
- **c.** Brasilien
- **d.** Uruguay

642. Wer ist als »Turnvater« bekannt geworden?

- **a.** Pierre de Coubertin
- **b.** Friedrich Ludwig Jahn
- **c.** Johann Christoph Friedrich GutsMuths
- **d.** Jacques Rogge

643. Was gehört zum Triathlon?

- **a.** Springreiten, Schwimmen, Querfeldeinlauf
- **b.** Schwimmen, Radfahren, Laufen
- **c.** Schwimmwettbewerb mit den Schwimmstilen Rücken, Schmetterling, Brust
- **d.** Hochsprung, Weitsprung, Diskuswerfen

644. Gegen welche Mannschaft gewann die deutsche Fußballnationalmannschaft das Endspiel bei der WM 1954?

a. England **b.** Italien
c. Ungarn **d.** Schweiz

645. Bei welchem Spiel ist der Ball nicht rund?

a. American Football **b.** Cricket
c. Unterwasserrugby **d.** Lacrosse

646. Welche Seite ist auf einem Segelschiff die dem Wind zugewandte Seite?

a. Lee **b.** Steuerbord
c. Backbord **d.** Luv

647. Woran erkennt man den Ausbildungsstand eines Judo-Kämpfers?

a. Halstuch **b.** Hosenrock
c. Gürtel **d.** Jacke

648. Bei welcher Sportart gibt es einen Caddie?

a. Polo **b.** Bowling
c. Snooker **d.** Golf

649. Was ist ein (We)Blog, wenn es um Medien geht?

a. Internettagebuch **b.** Radiosendung im Internet
c. Nachricht, die über E-Mail verbreitet wird **d.** elektronische Zeitschrift

650. Rundfunk ist seit dem Ende des Zweiten Weltkriegs

a. Ländersache **b.** ein zentral gelenktes Mediensystem
c. Angelegenheit des Bundes **d.** privatwirtschaftlich organisiert

651. ARD steht für

a. Arbeitsgemeinschaft der öffentlich-rechtlichen Rundfunkanstalten der Bundesrepublik Deutschland **b.** Allgemeine Rundfunkanstalten Deutschlands
c. Anstalt für Rundfunk in Deutschland **d.** Alliierten Radio Deutschland

652. Wie viel Fernsehen konsumierten die Deutschen im Jahr 2010 durchschnittlich pro Tag

a. 25 Minuten **b.** 45 Minuten
c. 1 Stunde 30 Minuten **d.** 3 Stunden 40 Minuten

653. Aus welchem Film stammt dieses Zitat: »Jeder nur ein Kreuz!«?

a. Ben Hur **b.** Das Leben des Brian
c. Die Passion Christi **d.** Jesus Christ Superstar

654. Welcher dieser Filme ist von Stanley Kubrick?

a. Star Wars **b.** Metropolis
c. 2001: Odyssee im Weltraum **d.** Platoon

655. Von welchem Regisseur sind die beiden Filme »Die Vögel« und »Psycho«?

a. Alfred Hitchcock **b.** John Ford
c. Fritz Lang **d.** Billy Wilder

Wenn Sie sich mal ohne große Trickeffekte gruseln wollen, sind die beiden Filme prima. Übrigens, beide Filme orientieren sich, wenn auch nur sehr lose, an wahren Begebenheiten.

656. Wer spielt in dem Film »Manche mögen's heiß« die weibliche Hauptrolle?

a. Jane Russell **b.** Lauren Bacall
c. Marilyn Monroe **d.** Jayne Mansfield

657. Welcher Vermerk bei einer offiziellen Einladung erinnert einen daran, dass man pünktlich erscheinen soll?

a. u. A. w. g **b.** s. t.
c. u. A. w. g. bei Zusage **d.** p. m.

658. Wie errechnet man den Body-Mass-Index (BMI)?

a. Körpergröße minus 100 Zentimeter **b.** Umfang der Taille durch Umfang der Hüfte
c. Körpergröße mal Körpergewicht **d.** Körpermasse durch Körpergröße zum Quadrat

659. In welcher Weltregion haben 80 bis 90 Prozent der Erwachsenen eine Laktoseintoleranz?

a. Mittel- und Südasien **b.** Nordafrika
c. Nordamerika **d.** Australien

660. Die Konservierung zur Haltbarmachung von Lebensmitteln hat sich über viele Jahrhunderte unterschiedlich entwickelt. Was macht man, um die Osmolarität zu erhöhen?

a. schwefeln **b.** räuchern
c. pökeln **d.** einkochen

661. Wo kommt die Kartoffel ursprünglich her?

a. China **b.** Andenregion Südamerikas
c. Osteuropa **d.** Ägypten

662. Was bedeutet es, wenn ein Gericht »al forno« zubereitet wird? Es wird dann

a. in der Pfanne gebraten **b.** flambiert
c. mit Schinken garniert **d.** im Ofen gebacken

663. Welches Vitamin findet sich vor allem in tierischen Eiweißprodukten, sodass es bei Vegetariern zu einer Mangelerscheinung kommen kann?

a. Vitamin C **b.** Vitamin B_6
c. Vitamin B_{12} **d.** Vitamin A

664. Welche Kleiderfarbe beherrschte im 16. Jahrhundert den Habsburger Kaiserhof Karls V.?

a. Gold **b.** Grün
c. Schwarz **d.** Rot

665. In der Zeit nach der Französischen Revolution (1796–1804) bildete sich eine bestimmte Damenmode heraus, die sich durch fast durchsichtige Musselin-Stoffe und an der Antike angelehnte, einfache Schnitte auszeichnete. Wie wird dieser Modestil genannt?

a. Empire **b.** Rokoko
c. Biedermeier **d.** Mode à la Grecque

666. Wie nennt man die Mode, die von renommierten Modeschöpfern in kleiner Stückzahl gefertigt wird?

a. Haute Couture
b. Prêt-à-porter
c. Konfektion
d. Kollektion

667. Wie viele Begrüßungsküsschen tauscht man üblicherweise in der Schweiz aus?

a. keins
b. 1
c. 2
d. 3

Teil III

Schwere Fragen

In diesem Teil ...

Nur keine Angst vor diesen Fragen: Sie sind meiner Meinung nach wirklich etwas schwerer zu beantworten, als die Fragen der vorangegangenen Teile, aber das ist wirklich nur meine Meinung und vielleicht sehen Sie das ganz anders.

Geschichte

668. Was versteht man unter Dendrochronologie?

a. Lehre von den Erscheinungen und ihren Zusammenhängen
b. Einordnung von historischen Ereignissen in Form einer Zeittafel
c. Vergleich verschiedener Kalendersysteme
d. Datierungsmethode anhand der Jahresringe von Bäumen

669. Wann hatte das Römische Reich seine größte Ausdehnung?

a. 320 v. u. Z.
b. 30 u. Z.
c. 117 u. Z.
d. 395 u. Z.

Es war auch wirklich nur ein Jahr, dann brach eine Seuche aus, die den Kaiser, es war Trajan, und seine Armee dahinraffte und schon war es um die jüngsten Eroberungen geschehen.

670. Im Jahr 313 vereinbarten die Kaiser des West- und des Oströmischen Reiches (Konstantin und Licinius), dass das Christentum den anderen Religionen gleichgestellt wird. Wie lautet der Name dieser Abmachung?

a. Edikt des Kyros
b. Edikt von Nantes
c. Toleranzedikt von Mailand
d. Frieden des Galerius

671. Mit dem Einfall der Hunnen im Jahr 375

a. endete die römische Herrschaft in Germanien
b. begann die Völkerwanderung
c. erlosch die Tradition der Olympischen Spiele in der Antike
d. begann die Herrschaft Attilas

672. Das Jahr 476 markiert das Ende des Weströmischen Kaiserreichs. Wer setzte ihm ein Ende?

a. Odoaker, ein weströmischer Offizier germanischer Herkunft
b. Arminius, genannt Hermann der Cherusker
c. Beowulf, ein angelsächsischer Königssohn
d. Hildebrand, ein westgotischer Söldner

673. Die Merowinger wurden als Herrscher abgelöst von den

a. Westgoten
b. Alemannen
c. Karolingern
d. Burgunder

674. Die Ottonen waren ein

a. sächsisches Adelsgeschlecht
b. keltisches Adelsgeschlecht
c. fränkisches Adelsgeschlecht
d. salisches Adelsgeschlecht

675. Wen besiegte Otto I. 955 auf dem Lechfeld?

a. die Türken
b. die Ungarn
c. die Westgoten
d. die Franken

676. Im 12. Jahrhundert setzte sich – ausgehend von den Klöstern – eine neue Bewirtschaftungstechnik durch, mit der die Ernteerträge deutlich gesteigert werden konnten, die sogenannte

a. Zweifelderwirtschaft
b. Dreifelderwirtschaft
c. Vierfelderwirtschaft
d. Fünffelderwirtschaft

677. Die Goldene Bulle von Karl IV.

a. beendete das Abendländische Schisma von 1378 bis 1417 (drei Päpste zugleich)
b. von 1122 beendete den Streit zwischen Papst und Kaiser um die Ernennung der Bischöfe (Investiturstreit)
c. von 1356 stellte eine Art Grundgesetz dar und sollte Kämpfe um den Thron verhindern
d. sicherte den Religionsfrieden von 1555

Dieser Karl IV. war ein richtig interessantes Kerlchen. Während seine Vorgänger, zumindest offiziell, auf die guten alten Rittertugenden bauten, vertraute Karl lieber auf Geld. Er bestach und ließ sich bestechen, bezahlte Menschen dafür, ihm zu Willen zu sein, und ließ sich bezahlen, wenn er eine Möglichkeit dazu sah. Man nannte ihn auch den Kaufmann auf dem Thron, was allerdings nicht als Lob gedacht war. Wie dem auch sei, mit seiner Haltung kam er einem Politiker, wie wir ihn heute kennen, deutlich näher als seine Zeitgenossen.

678. Wie heißt der Reformator und Kritiker der verweltlichten Kirche, der auf dem Konzil in Konstanz 1415 auf dem Scheiterhaufen als Ketzer verbrannt wurde?

a. John Wyclif **b.** Jan Hus
c. Martin Luther **d.** Philipp Melanchthon

679. Was ist das größte Verdienst von Papst Gregor XIII. (1572–1585)?

a. eine Kalenderreform
b. die Erbauung der Sixtinischen Kapelle
c. die Aussöhnung zwischen Katholiken und Protestanten im Konzil von Trient
d. der Ausbau und die Renovierung der römischen Infrastruktur

680. Die Spanische Armada (Kriegsmarine) wurde 1588 von Philipp II. ausgesandt, um

a. den englischen Kaperkapitän Francis Drake in der Karibik zu fassen
b. Elisabeth I. von England zu stürzen
c. die Türken im Mittelmeer zurückzuschlagen
d. Frankreich zu erobern

681. Wie baute das Haus Habsburg im 15. und 16. Jahrhundert seine Weltmachtstellung vor allem aus?

a. Krieg gegen die Osmanen **b.** Eroberungen in Osteuropa
c. geschickte Heiratspolitik **d.** Bündnispolitik innerhalb Europas

682. Wie viele der Ehefrauen von König Heinrich VIII. von England wurden hingerichtet?

a. 1 **b.** 2
c. 3 **d.** 4

683. Wen fasst man unter der »Confessio Augustana« zusammen?

a. Vertreter der evangelisch-lutherischen Reichsstände
b. Katholiken, die nach der Regel des Augustinus leben
c. Calvinisten aus Augusta Raurica (Basel)
d. Mitglieder der Bekennenden Kirche

684. Welcher Katholik ging im Dreißigjährigen Krieg ein Bündnis mit den protestantischen Schweden ein, um die Habsburger Vormachtstellung in Europa zu brechen?

a. Kardinal Mazarin
b. Heinrich IV. von Frankreich
c. Ludwig XVI. von Frankreich
d. Kardinal Richelieu

685. Im Siebenjährigen Krieg verlor Habsburg an Preußen endgültig

a. Siebenbürgen
b. Böhmen
c. Ungarn
d. Schlesien

686. Wen ließ Katharina II. (genannt die Große), Zarin von Russland, ermorden?

a. ihren Ehemann
b. ihren Sohn
c. ihre Schwiegermutter
d. ihren Geliebten

687. Welcher Krieg des 18. Jahrhunderts wird als der erste wirkliche Weltkrieg betrachtet, da die Kampfhandlungen nicht nur in Europa, sondern auch stellvertretend in den Kolonien ausgetragen wurden?

a. Spanischer Erbfolgekrieg
b. Siebenjähriger Krieg
c. Österreichischer Erbfolgekrieg
d. Großer Nordischer Krieg

688. In der Heiligen Allianz von 1815 vereinbarten Österreich, Preußen und Russland

a. einen ewigen Frieden zwischen den Staaten Europas
b. gegen alle revolutionären und nationalstaatlichen Bewegungen vorzugehen
c. einen Nichtangriffspakt
d. ein Neutralitätsabkommen im »Dreikaiserbund«

689. Gegen wen gewann Preußen 1866 in Königgrätz und errang damit die Vorherrschaft in Deutschland?

a. Frankreich
b. Dänemark
c. Österreich
d. Polen

690. Gegen was ging Bismarck im sogenannten Kulturkampf vor?

a. gegen Reformpädagogen, die die staatliche Aufsicht im Schulwesen ablehnten

b. gegen Liberale, die Pressefreiheit forderten

c. gegen Ansprüche der römisch-katholischen Kirche

d. gegen das Frauenwahlrecht

691. Mit welcher Maßnahme versuchte Reichskanzler Bismarck in den 1880er Jahren der Radikalisierung der Arbeiter entgegenzuwirken?

a. Gesetz über geringere Arbeitszeiten

b. Sozialgesetzgebung

c. Einführung einer Sektsteuer

d. staatliche Aufsicht über das Schulwesen

692. Was wurde als »Blutpumpe« oder »Knochenmühle« bekannt?

a. Schlacht an der Somme

b. Ypernschlacht

c. Schlacht vor Verdun

d. Schlacht an der Marne

Der Begriff »Blutpumpe« stammt übrigens nicht von irgendwelchen Kriegsgegnern sondern von Erich von Falkenhayn, dem Chef des deutschen Generalstabs höchstselbst. Es ging ihm in der Schlacht weniger um einen direkten strategischen Vorteil, sondern darum, dass die Verteilung durch die »Blutpumpe« für die Deutschen günstiger sein sollte als für die Gegner. Also ein Plan, der nicht auf strategischen Gewinn ausgerichtet war, sondern nur auf das Töten möglichst vieler Gegner, während man selbst auch große Verluste einplante. Das Ganze scheiterte unter anderem auch daran, dass die Gegner so stark in der Überzahl waren, dass auch ein leicht günstigeres »Gefallenenverhältnis« zugunsten der Deutschen dies nicht ausgleichen konnte.

693. Wie viele Staaten befanden sich gegen Ende des Ersten Weltkriegs im Kriegszustand?

a. 2

b. 12

c. 25

d. 40

694. Welches Ereignis fand *nicht* an einem 9. November statt?

a. Robert Blum, Abgeordneter der Frankfurter Nationalversammlung, wurde nach der Niederschlagung des Oktoberaufstands von Wien 1848 erschossen.

b. Der Sozialdemokrat Philipp Scheidemann rief 1918 vom Reichstagsgebäude aus die »Deutsche Republik« aus.

c. Beginn der Besetzung des Bürgerbräukellers 1923 in München durch Adolf Hitler, Erich Ludendorff, Hermann Göring und andere Nationalsozialisten (Hitler-Ludendorff-Putsch)

d. In der Reichspogromnacht 1938 kam es im Deutschen Reich reichsweit zu organisierten Übergriffen gegen Juden und jüdische Einrichtungen.

695. Das Ende des Ersten Weltkriegs wurde eingeleitet durch

a. die freiwillige Abdankung von Kaiser Wilhelm II.

b. den Spartakusaufstand der Kommunisten in Berlin

c. den Matrosenaufstand in Kiel

d. einen Putsch der deutschen Admiralität

696. Wie hießen die beiden Reichspräsidenten der Weimarer Republik?

a. von Papen und Scheidemann

b. Ebert und Hindenburg

c. Ebert und Stresemann

d. Scheidemann und Brüning

697. Im Versailler Vertrag von 1919 wurde Deutschland dazu gezwungen, Reparationszahlungen zu leisten. Wann wurde die letzte Rate bezahlt?

a. bis 1932

b. bis 1956

c. bis 1974

d. bis 2010

698. Was war das »Unternehmen Barbarossa«?

a. der Angriff auf die Sowjetunion 1941

b. der Überfall auf Norwegen und Dänemark 1940

c. der Nichtangriffspakt mit Josef Stalin

d. die Gleichschaltung der Gewerkschaften und Medien

699. Mit welcher Maßnahme beschaffte sich Hitler im März 1933 fast uneingeschränkte Befugnisse?

a. Münchner Abkommen **b.** Ermächtigungsgesetz
c. Hoßbach-Protokoll **d.** Reichskonkordat

700. Der industriell betriebene Mord an der jüdischen Bevölkerung wurde 1942 beschlossen auf der

a. Wannseekonferenz **b.** Potsdamer Konferenz
c. Bodenseekonferenz **d.** Berliner Konferenz

701. In welchem Jahr rief Mao Zedong die Volksrepublik China aus?

a. 1940 **b.** 1942
c. 1947 **d.** 1949

702. Was wurde am 23. Mai 1949 verkündet?

a. die Gründung der DDR **b.** das Grundgesetz
c. das Ende der Berliner Blockade **d.** die Währungsreform

703. Was sagte die Hallstein-Doktrin aus?

a. Ende des Besatzungsstatuts durch die Westmächte
b. Vertrag mit der Sowjetunion über die Heimkehr von Kriegsgefangenen
c. Schaffung von politischen Rahmenbedingungen, die das Wirtschaftswunder beförderten
d. keine diplomatischen Beziehungen zu Ländern, die die DDR anerkannten

704. Welches Ereignis löste 1962 beinahe den Dritten Weltkrieg aus?

a. Kubakrise **b.** Prager Frühling
c. Testzündung der russischen Zar-Bombe **d.** Bau der Berliner Mauer

705. Welchen Vertrag unterzeichnete Konrad Adenauer 1963 zusammen mit Charles de Gaulle?

a. Versailler Vertrag **b.** Deutschlandvertrag
c. Élysée-Vertrag **d.** Vertrag von Sèvres

706. Welcher Bundeskanzler führte die erste Große Koalition an?

a. Willy Brandt **b.** Ludwig Erhard
c. Georg Kiesinger **d.** Gustav Heinemann

Ein kleiner Tipp: Der Herr war der erste und bisher einzige Bundeskanzler, der in der Öffentlichkeit geohrfeigt wurde. Beate Klarsfeld, die sich einen Namen als Nazijägerin gemacht hatte, warf ihm seine Rolle im Dritten Reich vor, bestieg bei einer Veranstaltung in Berlin das Podium und verpasste dem Kanzler eine Ohrfeige. Sie wurde dafür zu einer einjährigen Haftstrafe verurteilt, die sie allerdings nie antrat.

707. Wo fand der Kniefall Willy Brandts statt?

a. Warschau **b.** Auschwitz
c. Krakau **d.** Keine der Antworten ist richtig.

708. Aus welchem Grund trat Willy Brandt 1974 offiziell zurück?

a. Depressionen **b.** Guillaume-Affäre
c. Konstruktives Misstrauensvotum **d.** Ölkrise 1973

709. Wer wurde im »Deutschen Herbst« 1977 ermordet?

a. Alfred Herrhausen **b.** Siegfried Buback
c. Hans Martin Schleyer **d.** Benno Ohnesorg

710. Wann zogen die Grünen das erste Mal in den Bundestag ein?

a. 1980 **b.** 1982
c. 1983 **d.** 1984

711. Wer besuchte 1987 zum ersten Mal die Bundesrepublik?

a. Michail Gorbatschow **b.** Erich Honecker
c. Fidel Castro **d.** Deng Xiaoping

712. Wie heißt der letzte Ministerpräsident der DDR?

a. Hans Modrow **b.** Willi Stoph
c. Sabine Bergmann-Pohl **d.** Lothar de Maizière

713. Mit welchem Vertrag endete 1991 offiziell die Nachkriegszeit und eröffnete damit Deutschland völkerrechtlich den Weg zu einem souveränen Staat?

a. Zwei-plus-Vier-Vertrag
b. Einigungsvertrag
c. Berlin-Übereinkommen
d. Deutschlandvertrag

714. Wer war 1991 maßgeblich an der Auflösung der Sowjetunion beteiligt?

a. Juri Andropow
b. Boris Jelzin
c. Wladimir Putin
d. Gennadi Janajew

715. Im Rahmen welcher NATO-Operation beteiligte sich Deutschland zum ersten Mal seit dem Zweiten Weltkrieg an einem Kriegseinsatz?

a. Jugoslawienkrieg 1991
b. erster Irakkrieg 1990/91
c. Kosovokrieg 1999
d. zweiter Irakkrieg 2003

Religion und Philosophie

**716. Ordnen Sie diese olympischen Musen ihren Künsten zu:
Thalia, Erato, Urania, Polyhymnia, Kalliope**

a. Astronomie ____________________
b. Komödie ____________________
c. Liebesdichtung ____________________
d. Epik ____________________
e. Gesang ____________________

717. Was versteht man unter Henotheismus?

a. Nur ein Gott existiert.
b. Mehrere Götter existieren, unter ihnen ein höchster.
c. Ich verehre allein einen unter mehreren Göttern.
d. Es existieren mehrere Götter.

718. Wer gilt als Stammvater der Juden und Muslime und als Sohn von Abraham?

a. Jacob
b. Josef
c. Isaak
d. Moses

719. Welcher König ließ den Tempel von Jerusalem bauen?

a. David
b. Saul
c. Salomo
d. Augustus

In dieser Frage geht es um den ersten Tempel. Nach seiner Zerstörung durch die Babylonier wurde der zweite Tempel gebaut, der dann wiederum von den Römern zerstört wurde. Von Letztgenanntem stammt übrigens die heute noch stehende Klagemauer.

720. Welche Stadt soll durch Trompetenstöße zerstört worden sein?

a. Nazareth
b. Jerusalem
c. Mekka
d. Jericho

721. Was ist die Hedschra?

a. Zusammenführung aller Muslime zu einer einzigen Gemeinschaft
b. Himmelfahrt Mohammeds
c. Auswanderung Mohammeds von Mekka nach Medina
d. Mohammeds große Pilgerfahrt zurück nach Mekka

722. Welches ist die größte Gruppierung innerhalb des Islams?

a. Schiiten
b. Alawiten
c. Ibaditen
d. Sunniten

723. Welche hinduistische Gottheit wird mit einem Elefantenkopf dargestellt?

a. Vishnu
b. Hanuman
c. Shiva
d. Ganesha

724. Wo wurde der Sikhismus im 15. Jahrhundert gegründet?

a. Punjab
b. Afghanistan
c. Pakistan
d. Ceylon

725. Bahai

a. sind Anhänger des Guru Nanak
b. praktizieren fast nur in Japan und glauben an eine unbegrenzte Zahl von Gottheiten
c. sind Mitglieder einer nachislamischen Religion
d. folgen dem »richtigen« Weg, der die Zweiheit Yin/Yang schafft

726. Wer hat gesagt: »Lernen ohne zu denken ist unsinnig. Doch denken ohne zu lernen ist gefährlich.«?

a. Karl Marx **b.** Buddha
c. Sokrates **d.** Konfuzius

727. Welche der vier Kardinaltugenden wird in der künstlerischen Darstellung mit zwei Gefäßen zum Mischen von Wasser und Wein oder einer Sanduhr dargestellt?

a. Tapferkeit **b.** Weisheit
c. Gerechtigkeit **d.** Mäßigung

728. Was gehört *nicht* zum humanistischen Menschenbild?

a. die Sündhaftigkeit des Menschen **b.** die Würde des Menschen
c. der Mensch als Maßstab aller Dinge **d.** das Wohlergehen der Menschen als höchster Wert

729. Welcher Vorsokratiker sagte: »Wir können in denselben Fluss nicht zweimal steigen.«?

a. Thales von Milet **b.** Pythagoras von Samos
c. Heraklit **d.** Xenophanes von Kolon

Dieser Spruch hört sich erst einmal recht banal an, seine tiefere Bedeutung ist es aber nicht. Sie besagt, dass sich alles immer ändert und man einen einmal gehabten Zustand nicht wieder erreichen kann, deshalb braucht man ihn auch nicht anstreben.

730. Bringen Sie das Lehrer-Schüler-Verhältnis in eine richtige Reihenfolge.

a. Aristoteles – Platon – Sokrates **b.** Sokrates – Platon – Aristoteles
c. Platon – Sokrates – Aristoteles **d.** Sokrates – Aristoteles – Platon

731. Sokrates sagte:

a. »Ich weiß, dass ich nichts weiß.« **b.** »Alles fließt.«
c. »Hätten Pferde Götter, sähen die wie Pferde aus.« **d.** »Gott ist tot.«

732. Wessen Ethik hebt die Lust am Leben und die Befreiung vom Leid hervor?

a. Stoiker **b.** Epikureer
c. Sophisten **d.** Kyniker

733. Worauf wird der Name »Stoa« zurückgeführt?

- **a.** Pavillon im Garten des Sokrates
- **b.** Säulenhalle in Athen
- **c.** Bibliothek in Rom
- **d.** öffentlicher Platz in Ephesos

734. Wie wird die Philosophie des Hochmittelalters genannt?

- **a.** Scholastik
- **b.** Sophistik
- **c.** Transhumanismus
- **d.** Skeptizismus

735. Welcher Philosoph gehört *nicht* zu den Rationalisten?

- **a.** Baruch de Spinoza
- **b.** John Locke
- **c.** Gottfried Wilhelm Leibniz
- **d.** René Descartes

736. Thomas Hobbes schrieb

- **a.** »Leviathan«
- **b.** »Kritik der reinen Vernunft«
- **c.** »Die Welt als Wille und Vorstellung«
- **d.** »Phänomenologie des Geistes«

737. Wer gilt als einer der letzten bedeutenden Universalgelehrten, das heißt, als ein Mensch, der das gesamte Wissen seiner Zeit im Detail überblickte?

- **a.** Leonardo da Vinci
- **b.** Gottfried Wilhelm Leibniz
- **c.** Gotthold Ephraim Lessing
- **d.** Moses Mendelssohn

738. Nach Schopenhauer ist die Welt

- **a.** ein Ort der Freude und des Glücks
- **b.** eine Verkettung großer und weniger großer Zufälle
- **c.** ein System, in dem das Wahre das Ganze ist
- **d.** ein Jammertal

739. Wer prägte den Begriff Nihilismus?

- **a.** Jean-Paul Sartre
- **b.** Albert Camus
- **c.** Karl Popper
- **d.** Friedrich Nietzsche

Sprache und Literatur

740. Mit welcher Sprache ist das Rumänische eng verwandt?

- **a.** Russisch
- **b.** Italienisch
- **c.** Ungarisch
- **d.** Bulgarisch

741. Wo wird ladinisch gesprochen?

- **a.** in Italien
- **b.** in Spanien
- **c.** in Schweiz
- **d.** in Österreich

742. Welche Sprache ist Amtssprache von Mosambik?

- **a.** Spanisch
- **b.** Englisch
- **c.** Französisch
- **d.** Portugiesisch

743. Das älteste schriftliche Zeugnis für die germanische Sprache ist

- **a.** die Aufzeichnung des Hildebrandlieds
- **b.** die von Tacitus geschriebene »Germania«
- **c.** die Runenschnalle von Pforzen
- **d.** die von Bischof Wulfila übersetzte Bibel

744. Die zweite Lautverschiebung verläuft entlang der

- **a.** Eider-Linie (entlang des Flusses Eider in Schleswig-Holstein)
- **b.** ehemaligen Grenze des Römischen Reichs (Rhein/Limes)
- **c.** Benrather Linie (von Düsseldorf nach Berlin)
- **d.** Speyerer Linie (Grenze zwischen ober- und unterdeutschen Dialekten)

745. Wie nennt man einen sechshebigen Jambus, der eine Zäsur genau in der Mitte hat?

- **a.** Blankvers
- **b.** Alexandriner
- **c.** Hexameter
- **d.** Trochäus

746. Wie viel Prozent machen englische Wörter und Wendungen in der deutschen Sprache aus?

- **a.** 1 Prozent
- **b.** 6 Prozent
- **c.** 20 Prozent
- **d.** 30 Prozent

747. Wer bekam 1946 den Literaturnobelpreis?

a. Thomas Mann **b.** Hermann Hesse
c. Bert Brecht **d.** Gerhard Hauptmann

748. Wer verweigerte die Annahme des Literaturnobelpreises?

a. Jean-Paul Sartre **b.** Winston Churchill
c. Albert Camus **d.** Samuel Beckett

Auch Boris Pasternak lehnte den Nobelpreis für Literatur ab, allerdings wurde er von der sowjetischen Regierung dazu gezwungen. Pasternak ist heute hauptsächlich bekannt für den Roman »Doktor Schiwago«, mit dem er sich auch den Ärger mit den sowjetischen Behörden einhandelte. Er veröffentlichte aber auch viele Gedichte. Erst 1989 nahm sein Sohn stellvertretend für seinen 1960 gestorbenen Vater den Nobelpreis an.

749. Von wem sind die »Metamorphosen«?

a. Ovid **b.** Vergil
c. Homer **d.** Seneca

750. Mit wem ist Siegfried aus der Nibelungensage verheiratet?

a. Sieglinde **b.** Kriemhild
c. Brünhild **d.** Ute

751. Die »Encyclopédie« von Denis Diderot

a. wurde 1950 mit dem 35. Band abgeschlossen **b.** stand bis 1962 auf dem »Index der verbotenen Bücher«
c. wurde bis 1954 vom französischen Staat finanziell gefördert **d.** Keine der oben genannten Antworten ist richtig

752. Das Gedicht »Es ist alles eitel« stammt von

a. Hans Jakob Christoph von Grimmelshausen **b.** Paul Gerhardt
c. Martin Opitz **d.** Andreas Gryphius

753. Wie heißt die Zwischendecke im Theater, wo die Bühnenkulissen aufgehängt werden, wenn sie nicht gebraucht werden?

a. Sofitte **b.** Schnürboden
c. Bühnenprospekt **d.** Traverse

754. Wie wird das 18. Jahrhundert in Frankreich auch genannt?

a. das Mirabeau'sche Jahrhundert **b.** das Jahrhundert Voltaires
c. das Jahrhundert Molières **d.** das Rousseau'sche Jahrhundert

755. Nach einer Anekdote von Goethe soll Schiller nur schreiben gekonnt haben, wenn

a. er in einer Badewanne mit eiskaltem Wasser lag
b. er 50 Tassen Kaffee intus hatte
c. seine Füße auf einem Block Eis lagen und ihn der Duft von angefaulten Äpfeln umgab
d. er in seinem mit Kork ausgekleideten Zimmer arbeitete, damit ihn nicht das kleinste Geräusch stören konnte

756. Welches Märchen ist von Hans Christian Andersen?

a. »Die Prinzessin auf der Erbse« **b.** »Zwerg Nase«
c. »Kalif Storch« **d.** »Der Froschkönig«

757. Wer gehört nicht zum »Dreigestirn des französischen Realismus«?

a. Victor Hugo **b.** Stendhal
c. Gustave Flaubert **d.** Honoré de Balzac

758. Wer schrieb den Roman »Der Idiot«?

a. Leo Tolstoj **b.** Iwan Turgenew
c. Anton Tschechow **d.** Fjodor M. Dostojewski

759. Epigone bedeutet

a. Verfasser von Spottgedichten **b.** Nachahmer
c. Inschriftenforscher **d.** Dichter

760. Wie viele öffentliche Bibliotheken soll es im 4. Jahrhundert allein in Rom gegeben haben?

a. 5
b. 17
c. 28
d. 40

761. Der spanische Schriftsteller Lope de Vega (1562–1635) hat eine Erzählung geschrieben,

a. die ohne jedes »A« auskommt
b. die von vorn und von hinten gelesen den gleichen Sinn ergibt (Palindrom)
c. die nur aus Verben besteht
d. deren Wörter immer auf einem »S« enden

762. Der Spruch »Einer für alle, alle für einen« ist der Wahlspruch

a. der Drei Musketiere
b. von Tom Sawyer und Huckleberry Finn
c. der Schweiz
d. Die Antworten a und c sind richtig.

763. Die Figur des »Frankenstein« ist eine Erfindung von

a. Mary W. Shelley
b. Ann Radcliffe
c. Jane Austen
d. Charlotte Brontë

764. Heinrich Manns Roman »Professor Unrat« wurde 1929/30 verfilmt mit

a. Greta Garbo in »Menschen im Hotel«
b. Marlene Dietrich in »Der blaue Engel«
c. Zarah Leander in »Heimat«
d. Asta Nielsen in »Rausch«

765. Mit welchem Dramatiker und Lyriker arbeiteten die Komponisten Kurt Weill und Hanns Eisler eng zusammen?

a. Georg Trakl
b. Robert Musil
c. Bertold Brecht
d. Kurt Tucholsky

766. Der Maler, der in Siegfried Lenz' Roman »Die Deutschstunde« porträtiert wird, ist angelehnt an

a. Ernst Ludwig Kirchner
b. Paul Klee
c. Emil Nolde
d. Ernst Barlach

767. Aus welchem Land kommt die Schriftstellerin Isabel Allende?

a. Argentinien **b.** Mexiko
c. Spanien **d.** Chile

768. Aus welchem Land stammt der Detektiv Hercule Poirot?

a. Großbritannien **b.** Frankreich
c. Belgien **d.** Luxemburg

Hercule Poirot ist der breiten Öffentlichkeit vor allem durch die tollen Verfilmungen mit Peter Ustinov in der Hauptrolle bekannt, die Romanvorlage stammt, wie die Krimis um Miss Marple, von Agatha Christie. »Mord im Orientexpress« (verfilmt allerdings ohne Ustinov), »Tod auf dem Nil« und »Das Böse unter der Sonne« sind Klassiker des Detektivfilms. Es gibt einige weitere Filme mit Hercule Poirot als Protagonisten und auch noch zahlreiche Romane und Kurzgeschichten.

Musik

769. Zur angewandten Musikwissenschaft gehört die

a. Musikphysiologie **b.** Musikethnologie
c. Musikpädagogik **d.** Musiklehre

770. Wie wird eine Verschiebung der Betonung auf eine eigentlich nicht betonte Zählzeit genannt?

a. Synkope **b.** Beat
c. blue note **d.** Offbeat

771. Welches Musikinstrument ist der Vorläufer des Cellos?

a. Laute **b.** Gambe
c. Fidel **d.** Rebec

772. Zu welcher Musikinstrumentengruppe gehört das Saxophon?

a. Blechbläser **b.** Holzbläser
c. Schlaginstrumente **d.** Tasteninstrumente

773. Von wem stammt der Satz: »Ohne Musik wäre das Leben ein Irrtum!«

a. Friedrich Nietzsche **b.** Arthur Schopenhauer
c. Theodor W. Adorno **d.** Platon

774. Ein Madrigal ist

a. ein musikalisches Zwischenspiel **b.** ein lyrisches Gesangsstück mit viel Emotionalität
c. ein Wechselgesang zwischen zwei Chören oder zwischen Vorsänger(n) **d.** ein Musikstück mit geistlichem Inhalt

775. Die erste Oper im klassischen Sinn ist Monteverdis

a. »Dido und Aeneas« **b.** »L'incoronazione di Poppea«
c. »Xerxes« **d.** »L'Orfeo«

776. Von welchem Renaissancekomponisten, der in München gestorben ist, sind rund 2000 Werke erhalten?

a. Giovanni da Palestrina **b.** Claudio Monteverdi
c. Orlando di Lasso **d.** Hans Leo Haßler

777. Johann Sebastian Bach lebte von

a. 1678 bis 1741 **b.** 1685 bis 1750
c. 1724 bis 1787 **d.** 1732 bis 1809

778. Das Hoboken-Verzeichnis ist das Werkverzeichnis von

a. Mozart **b.** Vivaldi
c. Händel **d.** Haydn

779. Welche Pianistin war mit Robert Schumann verheiratet?

a. Annette von Droste-Hülshoff **b.** Rahel Varnhagen von Ense
c. Clara Wieck **d.** Fanny Hensel

780. Wagner ist der Schöpfer des

a. Tristan-Akkords **b.** Siegfried-Akkords
c. Parzifal-Akkords **d.** Lohengrin-Akkords

781. Wer gilt als Begründer der tschechischen Nationalmusik?

a. Antonín Dvořák **b.** Frédéric Chopin
c. Modest Mussorgsky **d.** Franz Liszt

782. Welche Operette von Jaques Offenbach parodiert den Hof von Kaiser Napoleon III.?

a. »Der Barbier von Sevilla« **b.** »Die Macht des Schicksals«
c. »Die verkaufte Braut« **d.** »Orpheus in der Unterwelt«

783. Die Oper »Carmen« basiert auf einer Novelle von

a. Guy de Maupassant **b.** Gustave Flaubert
c. Prosper Mérimée **d.** Emile Zola

Die Oper »Carmen« zählt zu den Kunstwerken, deren Schöpfer sich nicht mehr über den Erfolg freuen konnte. Das lag aber nicht daran, dass es so lange dauerte, bis sich das Publikum mit dem Werk anfreunden konnte. Trotz verhaltenen Kritiken zur Uraufführung war das Werk schon nach wenigen Monaten ein Erfolg. Aber Georges Bizet starb zuvor an einem Herzanfall, man sagte, er habe sich bei der Vorbereitung der Uraufführung so verausgabt, dass er zusammenbrach. Andere behaupteten, dass er wegen der schlechten Kritiken an gebrochenem Herzen gestorben sei, aber Letzteres ist wohl nur ein Gerücht.

784. Die »Symphonie fantastique« ist ein Werk von

a. Georges Bizet **b.** Hector Berlioz
c. César Franck **d.** Peter Tschaikowsky

785. Von wem ist das Stück »Pomp and Circumstance«?

a. Benjamin Britten **b.** George Gershwin
c. Leonard Bernstein **d.** Edward Elgar

786. Wer gilt als Erfinder der Dodekaphonie?

a. Alban Berg **b.** Anton Webern
c. Arnold Schönberg **d.** Arthur Honegger

787. Welches Orchester wurde viele Jahre von Herbert von Karajan geleitet?

a. London Philharmonic Orchestra **b.** Münchner Philharmoniker
c. Berliner Philharmoniker **d.** Hamburger Symphoniker

788. Welchen Künstlernamen hat Reginald Dwight angenommen?

a. Cliff Richard **b.** Elton John
c. Chris Norman **d.** Limahl

789. Mit welchem Lied siegte die schwedische Band ABBA beim Eurovision Song Contest 1974?

a. »SOS« **b.** »Mamma Mia«
c. »Dancing Queen« **d.** »Waterloo«

790. Wer gilt als Pionier des Free Jazz?

a. Dizzy Gillespie **b.** Thelonious Monk
c. John Coltrane **d.** Scott Joplin

791. Das im Jahr 2000 veröffentlichte avantgardistische Album »Kid A« ist von der Alternative-Rock-Band

a. Radiohead **b.** Coldplay
c. The White Stripes **d.** The Strokes

Kunst

792. Wo fand man Wandmalereien aus der Frühzeit des Menschen?

a. Neandertal (Deutschland) **b.** Hölloch (Schweiz)
c. Lascaux (Frankreich) **d.** Petra (Jordanien)

793. Ein Kunstwerk, das aus einem Material geformt oder gegossen wird, nennt man

a. Plastik **b.** Skulptur
c. Figurine **d.** Abguss

794. Im Trinity College von Dublin findet sich

a. das »Book of Lindisfarne« **b.** das »Book of Kells«
c. das Durham-Evangeliar **d.** das »Book of Deer«

795. Was bedeutet Ikonostase?

a. Bilderwand
b. Bilderzerstörung
c. Bilderverehrung
d. Bilderdeutung

796. In welcher Stadt steht eine Kathedrale der Hochgotik?

a. Chartres
b. Speyer
c. Sens
d. Tournai

797. Renaissance heißt wortwörtlich

a. Rückblick
b. Auferstehung
c. Wiederkehr
d. Wiedererstarken

798. Welcher Künstler schuf den »David«, das Wahrzeichen der Stadt Florenz?

a. Raffael
b. Michelangelo
c. Giotto
d. Donatello

799. Wie heißt der russische Regierungssitz in Moskau aus dem 15. Jahrhundert?

a. Peter-und-Paul-Festung
b. Kongresspalast
c. Newski-Prospekt
d. Kreml

800. Welches ist das ungewollt schiefste Gebäude der Welt nach Neigungswinkel?

a. der Schiefe Turm von Pisa (Italien)
b. der Schiefe Turm von Suurhusen (Ostfriesland)
c. der Kirchturm von Bad Frankenhausen (Kyffhäuser)
d. die Geschlechtertürme von Bologna (Italien)

801. Wo befand sich die Werkstatt von Peter Paul Rubens?

a. Antwerpen
b. Amsterdam
c. Brügge
d. Gent

802. Wer malte das berühmte Bild »Die Freiheit führt das Volk«, das die Julirevolution 1830 in Frankreich darstellt?

a. Eugen Delacroix
b. Jacques-Louis David
c. Honoré Daumier
d. Gustave Courbet

803. Welcher Maler malte die Kathedrale von Rouen 33-mal?

a. Renoir **b.** Manet
c. Monet **d.** Pissarro

804. »Der Denker« ist eine Skulptur von

a. Bertel Thorwaldsen **b.** Auguste Rodin
c. Camille Claudel **d.** Ernst Barlach

»Der Denker« sollte Dante Alighieri, den Autor der »Göttlichen Komödie« darstellen. Der war allerdings schon lange tot und so saß ein Boxer Modell, den der Künstler im Rotlichtmilieu kennengelernt hatte. Falls Sie die Skulptur nicht kennen, werfen Sie einen Blick auf »Philosophie für Dummies«, da ist sie auf dem Cover zu sehen.

805. Wer malte das Bild »Wanderer über dem Nebelmeer«?

a. Philipp Otto Runge **b.** Anselm Feuerbach
c. Caspar David Friedrich **d.** Johan Christian Dahl

806. Welcher Kunststil zeichnet sich durch Asymmetrien, geschwungene Linien und florale Ornamente aus?

a. Präraffaelismus **b.** Impressionismus
c. Jugendstil **d.** Symbolismus

807. Wo findet sich der Garten von Monet, in dem die berühmten Seerosenbilder entstanden?

a. Giverny **b.** Argenteuil
c. Arles **d.** Cagnes-sur-Mer

808. Welches Sujet wählte Käthe Kollwitz überwiegend für ihre Bilder?

a. Industrielandschaften **b.** arme und unterdrückte Menschen
c. Menschen bei der Arbeit **d.** Ölgemälde mit Porträts berühmter Menschen

809. Welches Bild wurde im Jahr 2004 am helllichten Tag aus einem Osloer Museum gestohlen?

a. »Der Schrei« **b.** »Stürmische See«
c. »Blühende Kastanienzweige« **d.** »Light and Colour«

810. Welcher Maler starb auf der Südseeinsel Hiva Oa?

a. Paul Cézanne **b.** Paul Gauguin
c. Georg Forster **d.** William Hodges

811. Die Sagrada Familia steht in

a. Madrid **b.** Sevilla
c. Valencia **d.** Barcelona

812. Georg Baselitz wurde berühmt durch seine

a. »kopfüber« stehenden Bilder **b.** einfarbigen Bilder
c. Strichmännchen **d.** briefmarkengroßen Bilder

Geowissenschaften

813. Wie lang ist ein Lichtjahr?

a. 9 Billionen Kilometer **b.** 300 000 Sekunden
c. 24 Milliarden Kilometer **d.** 8 Minuten

814. Bei der Kernfusion, die bei allen Sternen stattfindet,

a. werden Wasserstoffatome gespalten **b.** verbrennt Wasserstoff zu Helium
c. fusioniert Wasserstoff mit Kohlenstoff, Stickstoff und Sauerstoff **d.** dient Wasserstoff als Reduktionsmittel für Kohlendioxid

815. Wann entstanden die großen Steinkohlelager unserer Erde?

a. im Kambrium **b.** im Karbon
c. im Tertiär **d.** im Quartär

816. Die letzte, mehrere Jahrhunderte dauernde Eiszeit heißt

a. Weichsel-Eiszeit **b.** Saale-Kaltzeit
c. Elster-Kaltzeit **d.** Kleine Eiszeit

817. Wie groß ist der Durchmesser eines Atoms?

a. 1 Milliardstel Millimeter **b.** 1 Millionstel Millimeter
c. 1 Mikrometer **d.** 1 Hektometer

818. $C_6H_{12}O_6$ ist die chemische Formel für

a. Ethanol
b. Glukose
c. Kohlenhydrat
d. Essigsäure

819. Nach dem Schalenmodell befinden sich in einem Atomkern auf der untersten Schale

a. immer genau acht Elektronen
b. immer genau zwei Elektronen
c. keine Elektronen
d. beliebig viele Elektronen

820. Wasser hat

a. zwei Pole – ähnlich wie ein Magnet
b. eine kristalline Struktur
c. einen niedrigen Siedepunkt
d. seine höchste Dichte bei 0 Grad Celsius

821. Welches Element ist die wichtigste Substanz in der Chemie, weil es die größte Vielfalt an chemischen Verbindungen erzeugen kann?

a. Sauerstoff
b. Kohlenstoff
c. Wasserstoff
d. Helium

822. Wie viele Quarks wurden bisher »entdeckt«?

a. 2
b. 6
c. 12
d. 24

823. Es gibt vier verschiedene Kräfte. Welche wird bei der Radioaktivität tätig?

a. elektromagnetische Kraft
b. starke Wechselwirkung
c. schwache Wechselwirkung
d. Schwerkraft

824. Als Morgen- und Abendstern bezeichnen wir

a. die Venus
b. den Mars
c. den Merkur
d. den Mond

825. Störungen in der Konvektionszone der Sonne werden

a. als Strahlenkranz rund um die Sonne sichtbar
b. als Sonnenflecken sichtbar
c. als Sonnenwinde auf der Erde spürbar
d. als Protuberanzen (Sonneneruptionen) sichtbar

826. Wie vielen Kilometern in der Natur entspricht 1 Zentimeter auf einer Karte mit dem Maßstab 1:50 000?

a. 1 Zentimeter entspricht 50 Metern.

b. 1 Zentimeter entspricht 500 Metern.

c. 1 Zentimeter entspricht 5000 Metern.

d. Keine der Antworten ist richtig.

827. Ordnen Sie die Himmelsrichtungen ihren Koordinaten zu: Süden, Norden, Osten, Westen

a. 0 Grad ____________________

b. 90 Grad ____________________

c. 180 Grad ____________________

d. 270 Grad ____________________

828. Um wie viel Grad ist die Erdachse geneigt?

a. 2 Grad

b. 15,5 Grad

c. 23,5 Grad

d. 27,2 Grad

829. Wie viel wiegt die Erde in Trillionen Tonnen?

a. 3

b. 120

c. 6000

d. 11 000

830. Was ist die Albedo?

a. der Anteil vom Sonnenlicht, der wieder ins Weltall zurückgestrahlt wird

b. die Strahlungsintensität von weißem Licht

c. die Einheit des Lichtstroms

d. die Ablenkung des Lichts durch schwere Massen

831. Am Äquator findet sich

a. eine Tiefdruckfurche

b. ein Hochdruckgürtel

c. eine Tiefdruckrinne

d. ein polares Hoch

832. In der Nacht herrschen in Küstenregionen vorwiegend

a. Inselwinde

b. Seewinde

c. Strandwinde

d. Landwinde

833. Wie heißt der Küstenbereich, bei dem bei Ebbe stundenlang der Meeresboden zu sehen ist?

a. Mangrovenküste **b.** Schärenküste
c. Wattküste **d.** Haffküste

834. Welcher Fluss wird stark von den Gezeiten beeinflusst?

a. Oder **b.** Rhein
c. Donau **d.** Elbe

835. Wie nennt man eine Graslandschaft der gemäßigten Breiten, wo keine Bäume wachsen?

a. Savanne **b.** Steppe
c. Wüste **d.** Tundra

836. Mit welcher Skala werden Erdbeben gemessen?

a. Richter **b.** Beaufort
c. SWOP **d.** Ratio

837. Die Zeitspanne zwischen Blitz und Donner beträgt beispielsweise 10 Sekunden. Wie weit ist das Gewitter entfernt?

a. ungefähr 300 Meter **b.** etwa 900 Meter
c. etwa 3 Kilometer **d.** ca. 10 Kilometer

Ein kleiner Tipp: Das Ergebnis errechnet sich aus der Diskrepanz von Schall- und Lichtgeschwindigkeit.

838. Wo befindet sich die größte Meerestiefe?

a. Puerto-Rico-Graben (Atlantik) **b.** Kurilengraben (Pazifik)
c. Marianengraben (Pazifik) **d.** Sundagraben (Indischer Ozean)

839. Welche Insel tauschte das Deutsche Reich 1890 gegen Helgoland ein?

a. Marshallinseln **b.** Sansibar
c. Nauru **d.** Deutsch-Samoa

840. Wo findet man das Kap der Guten Hoffnung?

a. an der Südspitze Südafrikas **b.** an der Südspitze Südamerikas

c. an der Südspitze Australiens **d.** an der Südspitze von Indien

841. Wie heißt der höchste Berg der Alpen?

a. Monte-Rosa-Massiv **b.** Zugspitze

c. Mount Everest **d.** Mont Blanc

842. Von welchem Land ist Bukarest die Hauptstadt?

a. Ukraine **b.** Bulgarien

c. Slowenien **d.** Rumänien

843. Wie heißt die flächenkleinste Stadt Deutschlands?

a. Arnis (Schleswig-Holstein) **b.** Garding (Schleswig-Holstein)

c. Wildemann (Niedersachsen) **d.** Wilster (Schleswig-Holstein)

Biologie

844. DNA liegt kondensiert vor als

a. Chromatin **b.** Chromosomen

c. Ribosomen **d.** Gene

845. Der Zellzyklus wird gemessen

a. durch die Anzahl der Zellteilungen **b.** vom Beginn einer Zellteilung bis zu ihrem Ende

c. vom Beginn einer Zellteilung bis zum Beginn der nächsten Zellteilung **d.** langsam, sehr langsam

846. Was ist Lignin?

a. der Holzstoff, der Bäumen ihre Stabilität verleiht **b.** noch nicht ganz in Kohle umgewandelte Pflanzenreste

c. ein organischer Stoff, der in Mooren entsteht **d.** der organische Hauptbestandteil von pflanzlichen Zellwänden

847. Das Chitin von Insekten ist dafür verantwortlich, dass der Panzer

a. wasserlöslich ist **b.** biegsam ist
c. metallisch glänzt **d.** in der Dunkelheit leuchtet

848. Die Mundwerkzeuge von Insekten heißen

a. Tracheen **b.** Tergit
c. Mandibeln **d.** Abdomen

849. Wie heißt das weibliche Tier von Dachs, Fuchs und Marder?

a. Bache **b.** Fähe
c. Zibbe **d.** Rogner

850. Wie heißt der Körperteil, mit dem Fische Druckwellen wahrnehmen?

a. Seitenlinienorgan **b.** Schwimmblase
c. Tympanalorgan **d.** Weberscher Apparat

851. Wobei sterben die meisten Menschen, wenn sie im Meer baden gehen?

a. Haiangriff **b.** Verbrennung durch die Seewespe
c. Walangriff **d.** Krokodilangriff

852. Eine Koralle ist

a. eine Pflanze **b.** ein Tier
c. eine Symbiose aus Pflanze und Tier **d.** eine Versteinerung

853. Seepferdchen gehören zu den

a. Krebsen **b.** Bartwürmern
c. Nesseltieren **d.** Fischen

854. Welcher Zugvogel legt die längste Strecke zurück?

a. Küstenseeschwalbe **b.** Pfuhlschnepfe
c. Rauchschwalbe **d.** Störche

855. Die Jungvögel der Kraniche gehören zu den

a. Platzhockern **b.** Nesthockern
c. Nestflüchtern **d.** Ästlingen

856. Welcher der vier Mägen eines Rindes entspricht von der Funktion her dem menschlichen Magen?

a. Pansen
b. Netzmagen
c. Blättermagen
d. Labmagen

857. Welchen Fehler beging Thomas Austin im Jahr 1859 auf seinem Grundbesitz Geelong in Victoria/Australien?

a. Er setzte 24 Wildkaninchen aus, um einer alten Leidenschaft nachzugehen – der Hasenjagd.
b. Zur Insektenbekämpfung setzte er ein paar Agakröten aus.
c. Er erschoss aus Versehen den letzten frei lebenden Beutelwolf.
d. Er bestellte 6 Kamele als Arbeitstiere, die nach kurzer Zeit wegliefen.

858. Das Herz zieht sich wie oft in der Minute zusammen? Ungefähr

a. 110-mal
b. 72-mal
c. 12-mal
d. 42-mal

859. Ein besonders wichtiger Stoff für den Gastransport ist

a. Acetylcholin
b. Hämoglobin
c. Adrenalin
d. Antihistamine

860. Das Organ, in dem der Großteil der Verdauung stattfindet, ist

a. der Magen
b. die Speiseröhre
c. der Dickdarm
d. der Dünndarm

861. Im Großhirn ist

a. der obere Bereich für die unteren Körperteile zuständig
b. die rechte Seite verantwortlich für die linke Körperhälfte und umgekehrt
c. Keine der Antworten ist korrekt.
d. Die Antworten a und b sind korrekt.

862. Das Kleinhirn ist vor allem das Zentrum für

a. Sicht
b. Informationsaustausch
c. Bewegungsvorgänge
d. Hören

863. Die empfindlichste Region der Netzhaut, die Bilder mit der größten Genauigkeit abbildet, ist

a. der Blinde Fleck **b.** die Hornhaut

c. der Gelbe Fleck **d.** die Linse

864. Wie heißt der kleine Knochen im Mittelohr, der gegen das ovale Fenster der Schnecke kommt und so die Schwingungen überträgt?

a. Hammer **b.** Steigbügel

c. Amboss **d.** Bogengang

Wenn Sie einmal in die Verlegenheit kommen, sich die Handwurzelknochen merken zu müssen, da gibt es einen sinnlosen aber einprägsamen Merksatz: »Ein *Kahn*, der fuhr im *Mond*enschein im *Dreieck* um das *Erbsen*bein. *Vieleck groß*, *Vieleck klein*, am *Kopf*, da muss ein *Haken* sein.« Sie müssen zu den kursiven Begriffen »bein« hinzufügen und schon haben Sie sich die Handwurzelknochen gemerkt.

865. Ein Mann hat 46 Chromosomen pro Körperzelle. Wie viele Chromosomen sind in jeder Spermie?

a. 23 **b.** 46

c. 92 **d.** Keine der Antworten ist richtig.

866. Wie viele Spermien erreichen die Stelle im Eileiter, wo die Eizelle auf ihre Befruchtung wartet?

a. etwa 600 Millionen **b.** etwa 10 000

c. etwa 300 **d.** etwa 1 bis 2

867. Zusammengenommen wiegt das Knochenmark eines Erwachsenen gut

a. 300 Gramm **b.** 1 Kilogramm

c. 2,5 Kilogramm **d.** 5 Kilogramm

868. Was gehört *nicht* zu den Aufgaben des Lymphatischen Systems?

a. Bakterien zerstören **b.** alte Erythrozyten (rote Blutkörperchen) entsorgen

c. Erythrozyten produzieren **d.** Lymphozyten (weiße Blutkörperchen) produzieren

869. Eine Fokussierung wird im Auge erreicht durch

- **a.** Kontraktion der Iris
- **b.** Aktivität des Ringmuskels
- **c.** Entspannung der Pupille
- **d.** Kontraktion der Pupille

870. Welche der folgenden Aussagen über Fingernägel trifft zu?

- **a.** Sie entstehen aus der Subkutis.
- **b.** Sie enthalten Karotin.
- **c.** Sie wachsen langsamer als Fußnägel.
- **d.** Sie wachsen etwa einen Millimeter pro Woche.

871. Umami ist die Geschmacksrichtung für

- **a.** Fett
- **b.** Eiweiß
- **c.** Salz
- **d.** Chinin

872. Was versteht man unter Ziegenpeter?

- **a.** Klumpfuß
- **b.** Mumps
- **c.** Masern
- **d.** Röteln

Physik und Chemie

873. Wo liegt der absolute Nullpunkt?

- **a.** –864 Grad Celsius
- **b.** –273,15 Grad Celsius
- **c.** –100 Grad Celsius
- **d.** 0 Grad Celsius

Wir haben hier nur die in Deutschland gebräuchliche Celsius-Skala verwandt. Eine andere Skala wäre die Kelvin-Skala, da liegt der absolute Nullpunkt einfach bei null, bei der in den USA gebräuchlichen Fahrenheitskala bei –459,67.

874. Bei welcher Temperatur hat Wasser seine höchste Dichte?

- **a.** –4 Grad Celsius
- **b.** 0 Grad Celsius
- **c.** 2 Grad Celsius
- **d.** 4 Grad Celsius

875. Wie viele Kilowattstunden Primärenergie (Kohle, Erdöl) braucht man, um 1 Kilowattstunde elektrische Energie zu erzeugen?

- **a.** ½ Kilowattstunde
- **b.** 1 Kilowattstunde
- **c.** 3 bis 4 Kilowattstunden
- **d.** 5 Kilowattstunden

876. Welches Newton'sche Gesetz bezieht sich auf das Trägheitsprinzip?

a. Erstes Newton'sches Gesetz
b. Zweites Newton'sches Gesetz
c. Drittes Newton'sches Gesetz
d. Keine der Antworten ist richtig.

877. Die im Dritten Newton'schen Gesetz postulierte »Kraft gleich Gegenkraft« nennt man auch

a. Zentrifugalkraft
b. Impulserhaltung
c. Fliehkraft
d. Schwerkraft

878. Wie groß muss ein Spiegel sein, damit man sich ganz sehen kann?

a. ganze Körpergröße
b. viertel Körpergröße
c. dreiviertel Körpergröße
d. halbe Körpergröße

879. Argon, Krypton und Xenon sind

a. Halogene
b. Lanthanoide
c. Edelgase
d. Chalkogene

880. Mit welcher Methode kann man das Alter von Überresten lebendiger Strukturen messen?

a. Kohlenstoff-14-Methode
b. Kalium-40-Methode
c. Methan-13-Methode
d. Natrium-2-Methode

881. Eine Suspension ist ein Gemisch aus

a. Gas und Flüssigkeit
b. Feststoffen und Gas
c. verschiedenen Gasen
d. Feststoffen und Flüssigkeit

882. Fruktose und Glukose sind zwei verschiedene Zucker. Sie sind sich sehr ähnlich, unterscheiden sich aber in einer Sache. In welcher?

a. in ihrer Zusammensetzung
b. in der chemischen Formel
c. in ihrer räumlichen Struktur
d. Keine der Antworten ist richtig.

883. Lipide (Fette) sind deshalb chemisch auffällig, weil sie

a. nicht an einem Ende positiv und am anderen Ende negativ geladen sind
b. polare Moleküle bilden, d. h. geladene Endungen haben
c. größtenteils hydrophil sind
d. eine sehr hohe Polarität haben

884. Wasserstoff und Sauerstoff reagieren bei Verbrennung zu Wasser. Diese Reaktion nennt man

a. Knallgasreaktion **b.** Elektrolyse
c. Polymerisation **d.** Thermitreaktion

885. Bor, Silicium und Arsen gehören zu den

a. Nichtmetallen **b.** Halbmetallen
c. Schwermetallen **d.** Edelmetallen

886. Quecksilber gehört zu den bei Zimmertemperatur

a. gasförmigen Elementen **b.** festen Elementen
c. flüssigen Elementen **d.** plasmatischen Elementen

887. Welches der folgenden ist kein Element des Periodensystems?

a. Meitnerium **b.** Galilenium
c. Rutherfordium **d.** Röntgenium

888. Wo liegt der Schmelzpunkt für Gold?

a. 100 Grad Celsius **b.** 503 Grad Celsius
c. 1063 Grad Celsius **d.** 3380 Grad Celsius

889. Welches Element ist bei normaler Temperatur flüssig?

a. Kupfer **b.** Uran
c. Palladium **d.** Brom

890. Woraus besteht Stanniol?

a. dünn gewalztes Zinn **b.** dünn gewalztes Aluminium
c. dünn gewalztes Silber **d.** dünn gewalztes Chrom

891. Wonach wurde das Metall Uran benannt?

a. nach einer Insel **b.** nach dem griechischen Wort für »zerfallen«
c. nach einem Planeten **d.** nach einem Chemiker

Technologie und Mathematik

892. Welcher Astronom stellte die Sonne in den Mittelpunkt seines Weltbildes?

a. Johannes Kepler
b. Nikolaus Kopernikus
c. Galileo Galilei
d. Tycho Brahe

893. Welches ist/war die längste Mauer der Welt?

a. Limes in Deutschland
b. Hadrianswall in Schottland
c. Chinesische Mauer
d. Berliner Mauer

894. Was half bei der Entzifferung der ägyptischen Hieroglyphen?

a. der Stein von Rosetta (Ägypten)
b. arabische Grammatiken des Koptischen
c. spätantike, griechische Texte des Philosophen Horapollos aus Ägypten
d. der Fund von Tutanchamuns Grab im Tal der Könige

895. Wo sitzt das *Internationale Büro für Maß und Gewicht* seit 1875?

a. in London
b. in Paris
c. in Zürich
d. in Amsterdam

896. Wie heißt der wichtigste Schiffstyp der Hanse?

a. Galeasse
b. Galeere
c. Klipper
d. Kogge

897. Die Dampfmaschine bezieht ihre Kraft

a. aus der Umwandlung von Bindungskräften in Wärme
b. aus der chemischen Energie des Brennstoffs
c. aus der Umwandlung der kinetischen Energie der Luft
d. aus Temperaturunterschieden im Wandlungssystem

898. Was gilt als erste Tankstelle der Welt?

a. ein Hotel in Pforzheim
b. ein Kolonialwarenladen in Heidelberg
c. eine Stadtapotheke in Wiesloch
d. eine Schmiede in Mannheim

Berta Benz kurvte mit dem Wagen, den ihr Gatte Karl gebaut hatte, auf ihrer Fahrt von Mannheim nach Pforzheim an besagtem Geschäft vorbei und da es nun mal eines der ersten Autos war, erhielt sie den nötigen Treibstoff nicht an einer speziell dafür eingerichteten Tankstelle, die es damals noch nicht geben konnte.

899. Was entdeckten Otto Hahn, Friedrich Straßmann und Lise Meitner 1938 gemeinsam?

a. Kernspaltung **b.** Radioaktivität
c. Aufbau von Atomkernen **d.** Gammastrahlung

900. Die Magnetschwebetechnik nutzt

a. einen Hybridantrieb **b.** einen elektrischen Linearmotor
c. einen Elektromotor **d.** einen Dieselantrieb

901. Wie viel Prozent steuert die Windenergie heute zur Stromversorgung in Deutschland bei?

a. rund 3 Prozent **b.** rund 7 Prozent
c. rund 10 Prozent **d.** rund 15 Prozent

902. (Fast) alle Energie auf Erden stammt von der Sonne. Welcher Energieträger nicht?

a. Erdwärme **b.** Wasser
c. Wind **d.** Erdgas

903. Wie heißt das Erfinder-Geschwisterpaar, das Anfang des 20. Jahrhunderts wichtige Schritte bei der Entwicklung von motorisierten, bemannten Flügen vornahm?

a. Gebrüder Montgolfier **b.** Gebrüder Wright
c. Dalton-Brüder **d.** Gebrüder Davenport

904. Wie lange brauchte Charles Lindbergh für seinen Nonstop-Flug von New York nach Paris 1927?

a. 11 Stunden **b.** 23 Stunden
c. 33 Stunden **d.** 41 Stunden

905. 1956 veränderte sich der Frachtverkehr in der Schifffahrt fundamental. Durch welche Entwicklung?

a. Portalkran
b. ISO-Container
c. Schiffskonvoi
d. Stückgutfrachter

906. Welcher Tunnel wurde 1994 eröffnet?

a. Elbtunnel
b. Gotthardtunnel
c. Ärmelkanaltunnel
d. Tauerntunnel

907. Wie hieß das letzte Space Shuttle, das im Juli 2011 die Ära des amerikanischen Shuttleprogramms beendete?

a. Endeavour
b. Discovery
c. Atlantis
d. Columbia

908. Wo wurden erstmals Desinfektionsmaßnahmen vor Operationen durchgeführt?

a. 1847 in einer Wiener Klinik für Geburtshilfe
b. 1863 nach der Schlacht von Gettysburg
c. 1870/71 bei der Ruhrepidemie im Deutsch-Französischen Krieg
d. 1876 an der Berliner Universitätsklinik durch Robert Koch

909. Luis Pasteur entwickelte einen Impfstoff gegen

a. Tollwut
b. Tuberkulose
c. Pocken
d. Kinderlähmung

910. Wie heißt der Arzt, der 1945 den Nobelpreis für die Entdeckung des Penicillins erhielt?

a. Paul Ehrlich
b. Rudolf Virchow
c. Max Delbrück
d. Alexander Flemming

911. Die Elektronik des ersten Herzschrittmachers wurde 1958

a. mit Radionuklidbatterien betrieben, die die benötigte Energie durch Plutonium gewannen
b. unter örtlicher Betäubung unter dem Schlüsselbein des Patienten eingelegt
c. mit riesigen, mehrere Kilogramm schweren Batterien versorgt
d. in einer Schuhcremedose eingebaut und mit Harz vergossen

912. Welchem Teilbereich der Elektronik verdanken wir die Mikrowelle?

a. Analogelektronik **b.** Digitalelektronik
c. Hochfrequenzelektronik **d.** Leistungselektronik

913. Wer erhielt 1901 den ersten Physiknobelpreis?

a. Henri Becquerel **b.** Gustav Hertz
c. Marie Curie **d.** Wilhelm Conrad Röntgen

914. Schellack, das bis in die 60er Jahre für die Produktion von Schallplatten verwendet wurde, wird

a. aus den Ausscheidungen einer Schildlaus gewonnen **b.** aus Paraffin hergestellt, das bei der Schmieröldestillation abfällt
c. auf Basis von Kunstharz erzeugt **d.** aus Pech gewonnen

915. Grundlage für alle späteren Übertragungsarten war die Entdeckung der elektromagnetischen Welle durch

a. Albert Einstein 1905 **b.** Heinrich Hertz 1886
c. Hermann von Helmholtz 1883 **d.** Thomas Alva Edison 1880

916. Die drahtlose Funkübertragung gelang fast zeitgleich mehreren Physikern und Erfindern. Wer gehört *nicht* in diese Reihe?

a. Nikola Tesla **b.** Alexander Popow
c. Guglielmo Marconi **d.** Emil Berliner

Der hier erwähnte Nikola Tesla war übrigens ein besonders umtriebiger und faszinierender Erfinder. Er spielte bei dem sogenannten »Stromkrieg« zwischen Thomas Edison und George Westinghouse eine entscheidende Rolle. Hier ging es darum, welche Art Strom nutzbar gemacht werden sollte: Gleichstrom oder Wechselstrom. Das hört sich erst einmal langweilig an, aber der Kampf der beiden Herren hatte es in sich, kostete einen Elefanten das Leben und bescherte den USA den zweifelhaften Ruhm der Entwicklung des elektrischen Stuhls.

917. In welchem Land gab es die erste Briefmarke?

a. Deutschland **b.** Großbritannien
c. Vereinigte Staaten von Amerika **d.** Frankreich

918. Die erste regelmäßige Radiosendung ging vermutlich über den Äther in

- **a.** Den Haag
- **b.** Pittsburgh, Pennsylvania
- **c.** Brant Rock, Massachusetts
- **d.** Berlin

919. Das erste, dauerhaft fixierte Foto von 1826 durch den Hobbyforscher Joseph Niépce zeigt

- **a.** einen Blick aus dem Arbeitszimmer in den Garten
- **b.** die Kathedrale von Chalon-sur-Saône
- **c.** ein Stillleben mit Blumenvase und Büchern
- **d.** ein Porträt des Kardinals d'Amboise

920. Tim Berners-Lee entwickelte 1989 im Forschungszentrum CERN

- **a.** den Webbrowser NCSA Mosaic
- **b.** das Hypertext Transfer Protocol (HTTP)
- **c.** das Netzwerkprotokoll IMAP
- **d.** das Transportprotokoll TCP

921. Was ist das Grundprinzip von GPS?

- **a.** Ortbestimmung unter Ausnutzung des Dopplereffekts, um Geschwindigkeitsmessungen über die Zeit zu integrieren
- **b.** Ortsbestimmung durch Peilung und Abstandsmessung zu den Satelliten
- **c.** Ortsbestimmung durch Laufzeitmessung zwischen Satelliten und Empfänger
- **d.** Ortsbestimmung durch Satellitentriangulation

922. Das »Gesetz der großen Zahlen« wird verwendet von

- **a.** Versicherungen
- **b.** Autoverkäufern
- **c.** Glücksspielern
- **d.** der Gesellschaft für Konsumforschung

923. Wer gilt als »Vater des modernen Rechnens«?

- **a.** Blaise Pascal
- **b.** Adam Riese
- **c.** Nikolaus Cusanus
- **d.** Albertus Magnus

924. Wie lauten die ersten sieben Ziffern der Kreiszahl Pi (π)?

- **a.** 3,124951
- **b.** 6,231394
- **c.** 3,414259
- **d.** 3,141592

Als irrationale Zahl hat π eine unendliche Anzahl von Nachkommastellen. Das macht die Zahl bei Gedächtniskünstlern beliebt, die sich darin messen, wie viele Stellen von π sie aus dem Kopf aufsagen können. Der offizielle Weltrekord liegt zurzeit bei 67.890 auswendig aufgesagten Nachkommastellen, aufgestellt von dem Chinesen Chao Lu.

925. Wie nennt man die längste Seite eines rechtwinkligen Dreiecks?

a. Ankathete **b.** Gegenkathete
c. Hypotenuse **d.** Eulersche Gerade

926. Die Berechnung von gekrümmten Räumen und Flächen nennt man

a. Differentialgeometrie **b.** Analysis
c. Vektoranalysis **d.** analytische Geometrie

927. Welcher der fünf platonischen Körper heißt im Griechischen Ikosaeder?

a. Vierflächner **b.** Achtflächner
c. Zwölfflächner **d.** Zwanzigflächner

Politik und Gesellschaft

928. Das Zusammenwirken von Kapitalismus und Berufsethos wurde laut Max Weber durch

a. die Industrielle Revolution gestärkt **b.** die innerweltliche Askese der amerikanischen Katholiken geprägt
c. einen calvinistisch geprägten Protestantismus befördert **d.** den Gedanken des Gottesgnadentums der Lutheraner geebnet

929. Wie viel Prozent der Haushalte leben laut einem Mikrozensus aus dem Jahr 2011 des Statistischen Bundesamtes in einem Dreigenerationenhaushalt (Großeltern, Eltern und ihre Kinder)?

a. 1 Prozent **b.** 4 Prozent
c. 10 Prozent **d.** 15 Prozent

930. Das Wort Utopie kommt aus dem Griechischen und bedeutet

a. werden, entstehen **b.** ohne Ort
c. nicht zuzuordnen **d.** Vorstellung, Erscheinung

931. Wie heißt die erste Friedensnobelpreisträgerin?

- **a.** Nelly Sachs
- **b.** Bertha von Suttner
- **c.** Lise Meitner
- **d.** Florence Nightingale

932. Das Recht auf Leben, auf Unversehrtheit des Körpers, auf Freiheit und Eigentum, die Sicherheit der Person, die Meinungsfreiheit, Versammlungsfreiheit und das Recht auf Selbstbestimmung steht (unter anderem) in der

- **a.** Erklärung der Menschen- und Bürgerrechte der französischen Nationalversammlung
- **b.** Unabhängigkeitserklärung der Vereinigten Staaten
- **c.** Allgemeinen Menschenrechtserklärung der Vereinten Nationen
- **d.** Gründungscharta des Völkerbundes

933. Wer hat gesagt: »Politik ist die Summe der Mittel, die nötig sind, um Macht zu erlangen, sich an der Macht zu halten und sie besonders nützlich zu gebrauchen.«?

- **a.** Aristoteles
- **b.** Niccolò Machiavelli
- **c.** Karl Marx
- **d.** Josef Stalin

934. BVG steht für

- **a.** Betriebsverfassungsgesetz
- **b.** Bundesverwaltungsgericht
- **c.** Bundesverfassungsgericht
- **d.** Keine der oben genannten Antworten ist richtig.

935. Wann wurde das Saarland Teil der Bundesrepublik?

- **a.** 1947
- **b.** 1949
- **c.** 1955
- **d.** 1957

936. Die Bundesversammlung (Bundestag) des 1815 gegründeten Deutschen Bundes hatte ihren Sitz in

- **a.** Bonn
- **b.** Karlsruhe
- **c.** Frankfurt/Main
- **d.** Berlin

937. In Deutschland erfolgen Wahlen nach der

- **a.** personalisierten Verhältniswahl
- **b.** relativen Mehrheitswahl
- **c.** absoluten Mehrheitswahl
- **d.** reinen Verhältniswahl

938. 1982 stürzte eine neu gebildete Koalition aus Union und FDP den SPD-Kanzler Helmut Schmidt durch

a. eine Vertrauensfrage **b.** ein Misstrauensvotum
c. eine Notverordnung **d.** ein Notstandsgesetz

939. Das Thema »Satellitennavigation« ist welchem Ministerium zugeordnet?

a. Ministerium für Verkehr, Bau und Stadtentwicklung **b.** Ministerium für Wirtschaft und Technologie
c. Ministerium für Bildung und Forschung **d.** Ministerium des Inneren

940. In Hamburg heißt der Chef der Landesregierung

a. Ministerpräsident **b.** Regierender Bürgermeister
c. Präsident des Senats **d.** Erster Bürgermeister

941. Das Kfz-Kennzeichen vom Kreis Stormarn in Schleswig-Holstein ist

a. PI **b.** IZ
c. OD **d.** SE

942. Das Bundeskriminalamt ist eine

a. Bundesmittelbehörde **b.** Bundesunterbehörde
c. Bundesoberbehörde **d.** oberste Bundesbehörde

943. Wer hat gesagt: »Kein Amt zu haben ist nicht schlimm. Schlimm ist es, keine Fähigkeit für ein Amt zu haben, das man hat.«?

a. Angela Merkel **b.** Konfuzius
c. Konrad Adenauer **d.** Friedrich Schiller

944. Welches der folgenden Länder ist als eines der letzten europäischen Länder der UNO beigetreten?

a. Schweiz **b.** Deutschland
c. Tschechien **d.** Kroatien

Inzwischen sind fast alle Länder in der UNO. Nicht vertreten sind lediglich Staaten, deren rechtlicher Status umstritten ist, wie der Kosovo oder Nordzypern, sehr kleine Staaten, wie einige Pazifikinseln und der Vatikanstaat, sowie Taiwan, dessen Vertretungsanspruch von China seit 1971 von der Volksrepublik China wahrgenommen wird.

945. In welchem Jahr wurden Deutschland und die DDR UNO-Mitgliedsstaaten?

a. 1949
b. 1955
c. 1973
d. 1982

Wirtschaft und Recht

946. Wie heißt der 1952 gegründete erste europäische Wirtschaftsverband?

a. EWG
b. Montanunion
c. EFTA
d. OECD

947. Wer nannte Millionenverluste der Deutschen Bank durch die Pleite von Jürgen Schneider »Peanuts«?

a. Rolf Breuer
b. Jürgen Möllemann
c. Hilmar Kopper
d. Helmut Kohl

948. Woher kommt der sprichwörtlich gewordene »Rote Faden«?

a. ein Diebstahlschutz im Tauwerk der britischen Kriegsmarine
b. eine Marketingstrategie, die Touristen in einer Stadt von Sehenswürdigkeit zu Sehenswürdigkeit leiten soll mittels roter Linie
c. ein früheres Längenmaß in der Feinmechanik
d. eine Qualitätsaussage, die aus dem Weberhandwerk stammt

949. Blue Chips ist eine Bezeichnung für

a. den Börsenwert eines Unternehmens
b. die wichtigsten Aktienmärkte weltweit
c. umsatzstarke Unternehmen oder Kunden
d. den Wert des Eigenkapitals eines Unternehmens

950. Beim ersten überlieferten Börsencrash von 1637 ging es um welches Produkt?

a. Tee
b. Blumen
c. Gold
d. Getreide

951. Welche der folgenden Aufgaben gehört *nicht* zu den Dienstleistungen der Deutschen Bundesbank?

a. Falschgeld aussortieren
b. zerstörte Banknoten ersetzen
c. Kredite an die öffentliche Hand vergeben
d. kostenlose Konten für Bundes-, Landes- und Kommunalbehörden bereitstellen

952. Wie viele Tonnen Gold verwaltet die Deutsche Bundesbank?

a. 40 Tonnen
b. 360 Tonnen
c. 1200 Tonnen
d. 3500 Tonnen

953. Was versteht man unter Bonität?

a. Kreditwürdigkeit
b. leistungsabhängiger Zuschlag zum Arbeitsentgelt
c. Überschussbeteiligung
d. Kapitaldienstfähigkeit

954. Zölle werden in der Wirtschaftpolitik mittlerweile sehr kritisch gesehen. Welche Funktion haben Zölle heutzutage vor allem

a. Finanzierung der Grenzbeamten
b. Schutz der inländischen Anbieter
c. Gewinnung von Devisen
d. Schutz vor Markenpiraterie

955. Welche überstaatliche Organisation kann Kredite vergeben und Wechselkurse stabilisieren?

a. UNICEF
b. Welthandelsorganisation (WTO)
c. Internationaler Währungsfonds (IWF)
d. Bundesbank

956. Wovon ist die Rede, wenn der Gesamtwert aller Güter (Waren und Dienstleistungen) gemeint ist, die im Verlauf eines Jahres innerhalb einer Volkswirtschaft anfielen oder verbraucht wurden?

a. Bruttonationaleinkommen
b. Bruttoinlandsprodukt
c. Bruttosozialprodukt
d. Bruttowertschöpfung

957. Woher stammt der Name »Parkettbörse«?

- **a.** Chicago Board of Trade
- **b.** Londoner Metallbörse
- **c.** New York Stock Exchange
- **d.** New York Mercantile Exchange

958. Wo fand der erste belegte Streik der Arbeitsgeschichte statt?

- **a.** in Ägypten
- **b.** in Mexiko
- **c.** in England
- **d.** in Italien

959. Nach wie vielen Jahren endete in Indien 1966 der längste Rechtsstreit der Geschichte?

- **a.** nach 859 Jahren
- **b.** nach 761 Jahren
- **c.** nach 254 Jahren
- **d.** nach 62 Jahren

960. Wie heißt derjenige, der etwas (Geld) gegeben hat und es von einem anderen eintreiben darf?

- **a.** Schuldner
- **b.** Gläubiger
- **c.** Debitor
- **d.** Buchhalter

961. Wie breit muss der Samtabschluss an den Säumen der Roben von Staatsanwälten sein?

- **a.** 5 Zentimeter
- **b.** 8 Zentimeter
- **c.** 12 Zentimeter
- **d.** 15 Zentimeter

962. Woher kommt der Begriff »Mandant«?

- **a.** aus dem Lateinischen für »aus der Hand gegeben«
- **b.** aus dem Lateinischen für »als Gesandten senden«
- **c.** aus dem Lateinischen für »beauftragen«
- **d.** Keine der Antworten ist richtig.

963. Wie ist der Verlauf einer Hautverhandlung in einem Strafprozess?

- **a.** Anklagesatz – Beweisaufnahme – Aufruf der Sache – Vernehmung zur Sache
- **b.** Beweisaufnahme – Anklagesatz – Vernehmung zur Sache – Aufruf der Sache
- **c.** Aufruf der Sache – Anklagesatz – Vernehmung zur Sache – Beweisaufnahme
- **d.** Vernehmung zur Sache – Anklagesatz – Beweisaufnahme – Aufruf der Sache

964. Wie hoch ist der Finderlohn anzusetzen?

a. 5 Prozent vom Wert des Fundes
b. 3 Prozent vom Wert des Fundes
c. Liegt im Ermessen des Besitzers, mindestens 10 Euro.
d. Ersatz der Aufwendungen

965. Die Vorschrift des deutschen Gaststättengesetzes, wonach das preiswerteste Getränk nichtalkoholisch sein muss, heißt auch

a. Cola-Gesetz
b. Selter-Verordnung
c. O-Saft-Passus
d. Apfelsaft-Paragraf

966. Wie viele Vereine gibt es in Deutschland?

a. 89 000
b. 160 000
c. 540 000
d. 740 000

967. Wie lautet der Fachbegriff, wenn eine Frau mehrere Ehemänner hat?

a. Polyandrie
b. Polygynie
c. Polygonie
d. Polymerie

Freizeit und Unterhaltung

968. In welcher Landschaft liegt Olympia, der Austragungsort der Olympischen Spiele der Antike?

a. Peloponnes
b. Ithaka
c. Thessalien
d. Thrakien

969. Die Olympischen Spiele der Antike endeten

a. mit dem Einfall der Hunnen in Europa
b. als das Christentum zur römischen Staatsreligion erklärt wurde
c. als ein Erdbeben das Stadion von Olympia zerstörte
d. als im Mittelalter Sport als heidnisch angesehen wurde

970. Bei der Abseitsregel im Fußball geht es darum,

a. das unsportliche Verhalten einer Mannschaft (z. B. ein Foul) zu sanktionieren

b. »Abstaubertore« zu verhindern, da ein Spieler zu weit im gegnerischen Feld steht

c. dass ein Spieler im gegnerischen Strafraum ein Foul vortäuscht

d. dass sich Spieler der gegnerischen Mannschaft beim Abstoß im Strafraum der verteidigenden Mannschaft befinden

971. Wann erschien die erste Sportzeitung?

a. 1792

b. 1843

c. 1898

d. 1903

972. Seit wann verwendet man die olympische Flagge mit den fünf Ringen?

a. seit den Olympischen Spielen 1896 in Athen

b. seit den Olympischen Spielen 1904 in St. Louis

c. seit den Olympischen Spielen 1920 in Antwerpen

d. seit den Olympischen Spielen 1936 in Berlin

Die Vermarktungsrechte an dieser Fahne sind in Deutschland neuerdings sogar durch ein eigenes Gesetz geschützt, und zwar durch das »Gesetz zum Schutz des olympischen Emblems und der olympischen Bezeichnungen« oder kurz »OlympSchG«, das 2004 erlassen wurde. Warum gerade zu diesem Zeitpunkt? Deutschland bereitete damals die, zuletzt vergebliche, Bewerbung Leipzigs für die Olympischen Sommerspiele 2012 vor, und das IOC vergibt Olympische Spiele nur an Staaten, in denen seine Markenrechte gut abgesichert sind.

973. Wer gewann insgesamt die meisten Goldmedaillen bei den Olympischen Sommerspielen (Stand 2013)?

a. Michael Phelps

b. Carl Lewis

c. Birgit Fischer

d. Mark Spitz

974. Bei den Olympischen Spielen dürfen im Männerfußball

a. nur unter 23-Jährige mitspielen

b. alle Nationalspieler mitspielen

c. nur Amateure mitspielen

d. nur über 35-Jährige mitspielen

975. Wann wurden die ersten Winterspiele veranstaltet?

a. 1900 **b.** 1908
c. 1924 **d.** 1928

976. Wo fand die erste Fußballweltmeisterschaft statt?

a. in Belgien **b.** in Uruguay
c. in Italien **d.** in Frankreich

977. In welchem Jahr wurde die Fußball-Bundesliga zum ersten Mal ausgetragen?

a. 1952 **b.** 1956
c. 1963 **d.** 1969

978. Welcher Radrennfahrer gewann die Tour de France 5-mal hintereinander von 1969 an?

a. Eddy Merckx **b.** Marco Pantani
c. Dietrich »Didi« Thurau **d.** Jacques Anquetil

979. Für welche Sportart braucht man einen Granitstein und einen Besen?

a. Casting **b.** Pelota
c. Curling **d.** Boule

980. Wann tauchte die Pressefreiheit als eigenständiger Wert erstmalig in einer Verfassung auf?

a. 1776 **b.** 1789
c. 1791 **d.** 1815

981. Welches ist das oberste Aufsichtsorgan einer öffentlich-rechtlichen Rundfunkanstalt?

a. Rundfunkrat **b.** Intendant
c. Landesparlament **d.** Landesmedienanstalt

982. In Deutschland wird mit der Einschaltquote gemessen, wer wann was im Fernsehen anschaut. Wie viele Messstellen sind ungefähr in Betrieb?

a. 500 **b.** 2000
c. 6000 **d.** 10 000

983. Wer bekam einen Oscar für die männliche Hauptrolle in dem Film »Ben Hur«?

a. Charlton Heston **b.** Gregory Peck
c. James Stewart **d.** Paul Newman

984. Wie heißt die weibliche Hauptdarstellerin in »Titanic« von 1997?

a. Julia Roberts **b.** Kate Winslet
c. Gwyneth Paltrow **d.** Nicole Kidman

985. Aus welchem Film ist das folgende Filmzitat: »In den entscheidenden Momenten deines Lebens warst du ohne Taschentuch.«?

a. »African Queen« **b.** »Pretty Woman«
c. »Vom Winde verweht« **d.** »Singin' in the Rain«

986. In welchem Film spielt das Wort »Rosebud« eine wichtige Rolle?

a. »Citizen Kane« **b.** »Vertigo«
c. »Früchte des Zorns« **d.** »Der dritte Mann«

987. Welcher US-Schauspieler wurde durch den Film »... denn sie wissen nicht was sie tun« ein Idol für eine ganze Teenager-Generation?

a. Marlon Brando **b.** James Dean
c. Robert Redford **d.** Burt Lancaster

988. Welches Land ist der größte Reisproduzent der Welt (Stand 2010)?

a. Indien **b.** Indonesien
c. Bangladesh **d.** China

989. Welche Getreidepflanze wird in Deutschland am häufigsten angebaut?

a. Gerste **b.** Mais
c. Weizen **d.** Roggen

990. Welche Pflanze ist *nicht* mit der Kartoffel verwandt?

a. Tomate **b.** Fenchel
c. Aubergine **d.** Paprika

991. Worauf weist bei den verschiedenen Pastaformen die Endung »-elle« hin?

a. breit
b. klein
c. geriffelt
d. schmal

992. Wie nennt sich die Haltbarmachung von Milch durch Erhitzen?

a. Sterilisation
b. Pasteurisierung
c. Milchsäuregärung
d. Fermentation

993. Nach wem ist die Pizza Margherita benannt?

a. nach der Märtyrerin Margareta von Antiochia
b. nach Königin Margarethe von Italien
c. nach der Sopranistin Margarethe Durazzo
d. nach der Nonne Margarete von Castell

994. Welches Land ist die größte Fischfangnation?

a. Japan
b. Norwegen
c. China
d. Großbritannien

995. Wie nennt sich der Cocktail, der aus Gin und Wermut besteht?

a. Manhattan
b. Kir Royal
c. Daiquiri
d. Martini

996. Wie viel Alkohol baut die Leber pro Stunde ab?

a. etwa 1 Gramm
b. etwa 8 Gramm
c. etwa 16 Gramm
d. etwa 32 Gramm

997. Wie viel Liter Bier tranken die Deutschen im Durchschnitt im Jahr 2009 (laut Beer Statistics 2010)?

a. 52,3 Liter
b. 85,4 Liter
c. 109,6 Liter
d. 159,3 Liter

998. Was muss man anziehen, wenn in der offiziellen Einladung »White tie« steht?

a. Geschäftskleidung
b. Abendkleid für Damen, Smoking für Herren
c. Wahlfreiheit zwischen Frack und Smoking
d. festliches Abendkleid für Damen, Frack für Herren

999. Woraus wurden der Zierstreifen der Toga der römischen Senatoren und später die Roben der Päpste und Kardinäle produziert?

a. Purpurschnecke **b.** Indigopflanze

c. Färberwaid **d.** Hennapflanze

1000. In der Französischen Revolution nannten sich die Vertreter des Kleinbürgertums »Sansculottes«. Worauf ist das zurückzuführen?

a. auf den fehlenden Gehstock **b.** auf die Jakobinermütze

c. auf die Hosenmode **d.** auf die fehlenden Handschuhe

Teil IV

Lösungen und Auswertung

In diesem Teil ...

... finden Sie eben die Lösungen und die Auswertung. Sie können die Auswertung nach den einzelnen Themen vornehmen oder eine allgemeine Auswertung. An dieser Stelle sei gesagt: Diese Auswertung ist nur eine Richtschnur, die Spanne innerhalb der einzelnen Wertungsbereiche ist recht groß, deshalb sollten Sie die Wertung nicht allzu hoch bewerten. Viel wichtiger ist, dass Sie selbst mit Ihrem Ergebnis zufrieden sind.

Antworten zu den leichten Fragen

Geschichte

1. **d.** Afrika
2. **b.** Stein, Kupfer, Bronze, Eisen
3. **d.** Australien
4. **c.** Euphrat und Tigris
5. **b.** Glockenbecherkultur (2600 bis 1800 v. u. Z.)
6. **b.** 7
7. **c.** Brutus
8. **a.** den Römer
9. **c.** 800
10. **c.** bei einem Badeunfall in der Südosttürkei im Fluss Saleph
11. **a.** Es ging darum, wer denn nun die letztinstanzliche Macht haben sollte, die weltlichen oder die kirchlichen Herren.
12. **c.** Mongolen
13. **b.** Peking
14. **a.** Pest-Pandemie im 14. Jahrhundert
15. **c.** Spanien
16. **b.** geht die Sonne nicht unter
17. **b.** 95 Thesen
18. **c.** Bauern (der Große Deutsche Bauernkrieg von 1525)
19. **a.** Feldherren im Dreißigjährigen Krieg
20. **a.** George Washington (1789–1797), da das Weiße Haus erst 1800 bezugsfertig wurde
21. **c.** Bastille
22. **b.** Maria Theresia von Österreich
23. **d.** verhandelt (die Neuordnung Europas nach den Napoleonischen Kriegen)
24. **b.** das Deutsche Reich
25. **c.** Erster Weltkrieg
26. **a.** Kommunisten
27. **d.** Nationalsozialistische Deutsche Arbeiterpartei (NSDAP)
28. **d.** Polen
29. **a.** Hitler-Jugend

30. **c.** 8. Mai 1945
31. **d.** Die Antworten a und b sind richtig.
32. **c.** 4 (USA, UdSSR, Großbritannien, Frankreich)
33. **b.** Marshallplan
34. **a.** die Grenze zwischen dem demokratischen Westeuropa und dem kommunistischen Osteuropa
35. **a.** Trümmerfrauen
36. **b.** Konrad Adenauer
37. **c.** 28 Jahre (Bau der Berliner Mauer am 13. August 1961)
38. **b.** die »68er«-Bewegung
39. **a.** RAF
40. **d.** Tschernobyl
41. **a.** Offenheit und Umstrukturierung
42. **c.** 9. November 1989
43. **b.** Helmut Kohl
44. **a.** Agenda 2010
45. **c.** World Trade Center in New York
46. **b.** Barack Obama
47. **c.** Joachim Gauck

Religion und Philosophie

48. **b.** Atheist

Die Vorsilbe oder, wie der Bildungsbürger sagen würde, das Präfix »A-« gefolgt von einem Fremdwort steht meist dafür, dass irgendetwas nicht vorhanden ist. Hier also der »theos« auf Griechisch »Gott«. Häufig lassen sich Fremdworte etwas einfacher erschließen, wenn man sie sozusagen auseinandernimmt.

49. **c.** Zeus
50. **a.** Walhall
51. **b.** Osiris
52. **b.** Hinduismus
53. **c.** Noah
54. **b.** die Auferstehung von Jesus Christus
55. **d.** Kopfbedeckung abnehmen (Männer)

56. **b.** Ramadan
57. **a.** der »Erleuchtete«
58. **a.** Ganges
59. **b.** Ich denke, also bin ich.
60. **c.** seinen Kategorischen Imperativ
61. **b.** Der Mensch soll sich an interessengelenkte Vorgaben kirchlicher Obrigkeiten binden.
62. **d.** Was sollen wir tun?
63. **b.** Georg Wilhelm Friedrich Hegel

Sprache und Literatur

64. **d.** Die Antworten a, b und c sind richtig.
65. **a.** mit ihr Abstraktes benannt werden kann
66. **b.** Schweiz
67. **a.** Homer
68. **c.** die Bibelübersetzung von Martin Luther
69. **d.** John Steinbeck
70. **b.** Grimmelshausen
71. **c.** Kanonenkugel
72. **a.** »Das Lied von der Glocke« von Friedrich Schiller
73. **a.** »Faust«
74. **b.** Theodor Storm
75. **a.** ein Liebeslied aus dem Mittelalter
76. **c.** Windmühlen
77. **d.** »Hamlet«
78. **b.** Charles Dickens
79. **a.** Heinrich Böll
80. **b.** Heinrich
81. **c.** »Der alte Mann und das Meer«
82. **b.** Selma Lagerlöf
83. **a.** Max und Moritz
84. **b.** Günter Grass

Musik

85. **a.** Moll
86. **b.** Quartett
87. **b.** eine Solopartie mit Instrumentalbegleitung
88. **d.** Bass
89. **b.** Walzer
90. **d.** das Metronom
91. **b.** des Barocks
92. **c.** Vergiftung durch seinen neidischen Konkurrenten Salieri
93. **a.** aus »Die Zauberflöte«
94. **d.** Gioacchino Rossini
95. **d.** Die Antworten a und b sind richtig.
96. **b.** Modest Mussorgsky
97. **c.** Johann Strauß
98. **a.** »Die Moldau«
99. **c.** »Bolero«
100. **b.** Woodstock
101. **b.** Swing
102. **c.** Elvis
103. **a.** Keith Richards
104. **a.** Madonna
105. **d.** »Love me do«
106. **d.** Memphis
107. **a.** Heavy-Metal-Bands

Kunst

108. **a.** Nofretete
109. **b.** frühchristliche Wandmalereien
110. **a.** Porta Nigra
111. **d.** den Altarraum, wo die Geistlichen während des Gottesdienstes sitzen
112. **c.** die Heiligen Drei Könige
113. **b.** Romanik – Gotik – Renaissance – Barock
114. **d.** in Venedig

115. **c.** Wandteppiche
116. **a.** Leonardo da Vinci
117. **b.** Ludwig XIV.
118. **b.** ein Genrebild
119. **c.** Claude Monet

*Im*pressionismus leitet sich vom französischen Begriff für *Ein*druck ab, *Ex*pressionismus vom Begriff für *Aus*druck.

120. **b.** Freiheitsstatue
121. **a.** Vincent van Gogh
122. **b.** Druckgrafik
123. **b.** aus den Niederlanden
124. **a.** Josef Beuys
125. **d.** zur Pop Art
126. **a.** Salvador Dalí

Geowissenschaften

127. **c.** Astronomie
128. **c.** 300 000 km
129. **a.** Milchstraße
130. **c.** der Wasserstoff
131. **b.** zeigt an seiner Oberfläche eine kalte Stein- und Staubwüste
132. **d.** ca. 5000 Grad Celsius
133. **b.** Sonne
134. **a.** die indische mit der eurasischen Platte zusammengestoßen ist
135. **d.** in der »Erdneuzeit« (Neozoikum)
136. **a.** Einschlag eines Riesenmeteoriten
137. **c.** negativ geladene Elektronen
138. **b.** Speisesalz
139. **a.** die Planeten
140. **b.** Orion
141. **c.** Stern
142. **d.** die äußere Wagenachse des Sternbilds Großer Wagen fünfmal nach oben verlängern

143. **a.** 5 Milliarden Jahre
144. **c.** der Mond zwischen Sonne und Erde
145. **b.** Jupiter
146. **b.** Klima
147. **c.** 70 Prozent
148. **b.** etwa 40 000 Kilometer
149. **d.** Golfstrom
150. **b.** Föhn
151. **b.** den Luftdruck
152. **a.** Warme Luft steigt auf.
153. **c.** Regentropfen das Sonnenlicht reflektieren
154. **c.** Mittelbreiten
155. **a.** Antarktis
156. **c.** Südamerika
157. **b.** Gobi
158. **b.** Europa und Afrika
159. **a.** einer griechischen Sagengestalt
160. **b.** Isar
161. **c.** Schweiz
162. **a.** Luanda (Angola)
163. **c.** Tokio
164. **c.** Paris

Biologie

165. **b.** Versteinerungen von Lebensformen
166. **a.** Photosynthese
167. **d.** die Lehre vom Haushalt der Natur
168. **b.** die Rolle, die ein Lebewesen in einem Ökosystem spielt
169. **b.** Narbe
170. **d.** Man zählt die Jahresringe.
171. **c.** 6
172. **c.** Larve
173. **a.** Heuschrecken
174. **b.** Amphibien

175. **d.** Laich
176. **b.** wechselwarm
177. **a.** nicht fliegen können
178. **d.** Singvögeln
179. **b.** Blauwal
180. **d.** Trampeltier
181. **b.** Charles Darwin
182. **b.** Anatomie
183. **c.** Herz
184. **b.** 36,0 bis 37,4 Grad
185. **d.** 20 Atemzüge
186. **a.** Zentrales Nervensystem
187. **a.** Kampf- oder Fluchtimpuls
188. **c.** bis zu 7 Tage
189. **b.** 5 Zentimeter
190. **c.** Gynäkologie
191. **b.** Bewegung
192. **c.** Calcium
193. **b.** Anschwellen
194. **a.** Zapfen
195. **d.** im Ohr
196. **c.** Mangel an Melanin im Haarschaft
197. **d.** 10 000

Physik und Chemie

198. **d.** Die Antworten a und c sind richtig.
199. **a.** Wasser in Hohlräumen gefriert und sich ausdehnt
200. **c.** ziehen sich an
201. **d.** Schwerkraft
202. **b.** Teleskop
203. **b.** konvex

Diesen Begriff können Sie sich gut merken und von »konkav« unterscheiden, wenn Sie Ihren dicken Schulrektor damals auch »Direx« genannt haben. Da passt dann der Spruch »Der Rex ist konvex«.

204. **c.** Vakuum
205. **d.** Die Antworten a und c sind richtig.
206. **a.** Periodensystem
207. **a.** ein Gemisch (denn man kann die beiden Stoffe wieder entmischen)
208. **c.** die Verbindungen des Kohlenstoffs
209. **d.** reagiert ein brennbarer Stoff mit Sauerstoff
210. **c.** Diamant
211. **a.** Fe
212. **b.** Chlor
213. **d.** Neon
214. **a.** Rost

Technologie und Mathematik

215. **b.** vor gut 5000 Jahren
216. **c.** einem Sumpfgras gepresst
217. **d.** Lateinische Schrift
218. **b.** Lautschrift
219. **a.** Chinesen
220. **c.** Taschenuhr
221. **d.** Die Antworten b und c sind richtig.
222. **b.** TGV, allerdings in einer Spezialausführung auf einer Spezialstrecke
223. **c.** in London eröffnet: 1863 mit Dampfloks
224. **c.** Ampere
225. **a.** Volt

Was hier noch fehlt ist die elektrische Leistung, die in Watt gemessen wird. Da gibt es die Eselsbrücke » **Volt** mal **Ampere** gibt in **Watt**, was der Strom geleistet hat«. So können Sie sich Formel und Begriff gleichzeitig einprägen.

226. **d.** Thomas Alva Edison
227. **b.** ein Straftatbestand (Wasserrechte an Flussläufen wurden gehandelt und häufig vor Gericht entschieden, wenn Wehre oder Mühlenteiche widerrechtlich gebaut wurden)
228. **b.** 1957
229. **a.** Biomasse

230. **b.** Golden Gate Bridge
231. **a.** Schiffe mussten nicht mehr um Afrika herumfahren
232. **d.** Heißluftballon (gebaut von den Gebrüdern Montgolfier)
233. **d.** Lotse
234. **b.** Titanic
235. **c.** Neil Armstrong
236. **b.** Hippokrates
237. **d.** Alraune
238. **a.** Acetylsalicylsäure, in erster Linie bekannt unter dem Namen Aspirin
239. **b.** 1961
240. **c.** C
241. **a.** der Hirntod festgelegt
242. **b.** die Hand von Röntgens Ehefrau Anna Bertha – mit Ehering
243. **d.** Sigmund Freud
244. **c.** wie ein Echolot
245. **b.** Querschnittsbild
246. **a.** Morsealphabet
247. **c.** Dezibel
248. **c.** Das Pferd frisst keinen Gurkensalat (wurde gesprochen von Philipp Reis 1861 bei einer Präsentation seiner Erfindung).
249. **b.** Camera Obscura
250. **a.** auf einem Netz des US-Verteidigungsministeriums
251. **d.** Betriebssystem
252. **a.** Algorithmen
253. **b.** Mathematiker
254. **a.** 40 (bei den römischen Zahlen)
255. **b.** $a^2 + b^2 = c^2$
256. **c.** Addition
257. **a.** Euklid
258. **d.** 8

Politik und Gesellschaft

259. **c.** Soziologie
260. **d.** Fraunhofer-Gesellschaft

261. **a.** soziale Geschlecht
262. **b.** 1918
263. **a.** auf Länderebene
264. **b.** hat ein breit abgestütztes Programm, um von einem möglichst großen Teil der Wähler gewählt zu werden
265. **c.** Lobby
266. **d.** Kommunikative
267. **a.** Einparteiensystem
268. **c.** 16
269. **d.** Erfurt
270. **a.** Kiel
271. **c.** Bremen
272. **b.** Bundespräsident
273. **c.** Bundesversammlung
274. **a.** die Richtlinienkompetenz
275. **c.** New York
276. **b.** Generalsekretär
277. **a.** Blauhelme
278. **d.** 27
279. **a.** Türkei
280. **c.** den Regierungschefs der Mitgliedsländer

Wirtschaft und Recht

281. **b.** Volkswirtschaftslehre
282. **a.** einzelne Wirtschaftsobjekte zum Beispiel Haushalte und Unternehmen
283. **c.** Zinsen
284. **b.** Soziale Marktwirtschaft
285. **c.** Haftpflichtversicherung
286. **d.** Philippinen
287. **a.** Freihandel
288. **d.** Nettopreis
289. **c.** Brandenburger Tor
290. **d.** Frankfurt am Main
291. **a.** DAX

292. **b.** einen Kursanstieg
293. **a.** Expansion, **b.** Boom, **c.** Rezession, **d.** Depression
294. **d.** Die Antworten a, b und c sind richtig.
295. **a.** nein, **b.** nein, **c.** ja, **d.** nein, **e.** nein, **f.** ja
296. **d.** vereinbarte Festmiete im Mietvertrag
297. **c.** 6 Monate
298. **c.** fristlosen Kündigung
299. **d.** Überfahren einer roten Ampel
300. **c.** Bundesverfassungsgericht
301. **d.** Keine der Antworten ist richtig.
302. **a.** ein Hilfsorgan der Staatsanwaltschaft
303. **b.** Schöffe
304. **a.** In dubio pro reo
305. **b.** Fahrerlaubnis
306. **c.** Kuckuck
307. **c.** Hebamme

Freizeit und Unterhaltung

308. **c.** Stadionlauf
309. **a.** Gladiatorenkämpfe
310. **c.** den Gegner mit der Lanze aus dem Sattel zu heben
311. **c.** Wimbledon
312. **b.** Athen
313. **a.** eine Doping-Methode
314. **b.** seit den Olympischen Spielen 1908 in London (vorher wurden nur 40 Kilometer gelaufen, diese Strecke war aber zu kurz, um vom Olympiastadion in London bis zur königlichen Loge im Schloss Windsor zu reichen, also verlängerte man die Strecke um 2195 Meter)
315. **a.** Radfahren
316. **b.** Fußball
317. **c.** Boxen
318. **b.** des Pressekodex
319. **c.** 1950
320. **b.** ein Film zur Einführung einer Fernsehserie

321. **a.** »Casablanca«

322. **c.** Charlie Chaplin

323. **d.** »Moby Dick«

324. **b.** »Fury«

325. **c.** Partnerschaften mit Kindern, bei der zumindest ein Partner nichtleiblicher Elternteil ist

326. **b.** 11:00 Uhr

»Brunch« ist die Zusammenführung von *Br*eakfast und L*unch* und liegt zeitlich somit zwischen diesen beiden Mahlzeiten. Eine andere aus dem Englischen stammende Zusammenführung von Worten ist »Smog« (*Smo*ke und Fo*g*).

327. **c.** Allesfresser

328. **c.** 55 Prozent Kohlenhydrate, 15 Prozent Proteine, 30 Prozent Fette

329. **c.** Brot und Salz

330. **d.** Dinkel (die sieben Getreidearten sind Weizen, Roggen, Hafer, Gerste, Mais, Reis und Hirse)

331. **c.** Leber

332. **b.** 16. Jahrhundert

333. **c.** eine Soße aus Öl, Senf und Essig

334. **b.** Herrenbekleidungsstücke

335. **c.** Reifrock

336. **b.** Coco Chanel

Antworten zu den mittelschweren Fragen

Geschichte

337. **d.** … bei Issos Keilerei.« (Alexander der Große besiegt die Perser bei der Stadt Issos im Jahre 333 v. u. Z.)
338. **c.** Germanen (sogenannte »Schlacht im Teutoburger Wald« gegen die Cherusker)
339. **b.** Nero
340. **a.** in den keltischen Sprachen
341. **d.** ein Wahlkönigtum
342. **b.** Normandie
343. **b.** versuchte Heinrich IV., sich aus dem Kirchenbann zu lösen
344. **c.** mehrere gewählte Päpste gleichzeitig
345. **d.** Hanse
346. **a.** kostete etwa einem Drittel der Bevölkerung Europas das Leben
347. **c.** Indien
348. **c.** 1517
349. **d.** Katholiken gegen Protestanten
350. **d.** Jesuiten
351. **a.** der Dreißigjährige Krieg
352. **d.** einen Flickenteppich aus 382 einzelnen Territorien
353. **c.** 18. Jahrhundert
354. **b.** Friedrich II.
355. **c.** Ludwig XVI.
356. **b.** 1806
357. **c.** Waterloo
358. **c.** vor der Märzrevolution 1848
359. **c.** Marx
360. **b.** preußischer Ministerpräsident
361. **c.** Friedrich II.
362. **b.** das tödliche Attentat auf den österreichischen Thronfolger in Sarajewo
363. **c.** 1871 bis 1918
364. **b.** Goldene Zwanziger
365. **d.** Paul von Hindenburg

366. **c.** Frankreich
367. **a.** Georg Elser
368. **a.** D-Day
369. **c.** Roosevelt (seit April 1945 war Truman Präsident der USA)
370. **d.** Nürnberg
371. **d.** Die Antworten a und b sind richtig.
372. **b.** Erinnerung an den Volksaufstand in der DDR 1953
373. **d.** Stasi
374. **d.** Adenauer, Erhard, Kiesinger, Brandt
375. **b.** Gerhard Schröder

Religion und Philosophie

376. **b.** Delphi
377. **c.** Ambrosia
378. **d.** Prometheus
379. **b.** Der Papst ist der Bischof von Rom und damit Nachfolger des Apostels Petrus.
380. **b.** Symbol für die ständige Gegenwart Gottes
381. **c.** Ordnung für Gottesdienste
382. **a.** Christentum
383. **b.** die bis zu ihrer Vertreibung 1492 und 1531 in Portugal und Andalusien lebten
384. **a.** die fünf Bücher Mose
385. **b.** Schuhe ausziehen
386. **c.** nach Mekka pilgern
387. **b.** Sonnenuntergang am Freitag
388. **a.** 551 bis 449 v. u. Z.
389. **b.** Shintoismus
390. **a.** abrahamitische Religionen
391. **b.** zur Weisheit
392. **a.** Gerechtigkeit, **b.** Mäßigung, **c.** Weisheit, **d.** Tapferkeit
393. **d.** das Höhlengleichnis
394. **b.** David Hume
395. **d.** Empirismus

396. **c.** Handle so, dass die Maxime deines Willens jederzeit zugleich als Prinzip einer allgemeinen Gesetzgebung gelten könnte.

397. **a.** dass jede Theorie so formuliert werden muss, dass sie sich prinzipiell widerlegen lässt (Falsifizierbarkeit)

Popper verwendete hier das Beispiel von weißen Schwänen, dass also die Aussage »Alle Schwäne sind weiß« solange gelten könne, bis man einen andersfarbigen Schwan fände. Den ganz Genauen sei gesagt: Es gibt schwarze Schwäne, diese »Trauerschwäne« leben in Australien.

Sprache und Literatur

398. **b.** Linguistik
399. **b.** ungefähr 7000
400. **a.** indogermanische Sprache
401. **b.** eine Verkehrssprache
402. **d.** ca. 1 Milliarde Menschen
403. **d.** schöne Schriften
404. **a.** Johannes Gutenberg
405. **b.** etwa 3000
406. **a.** Isegrimm
407. **c.** Robert Louis Stevenson
408. **c.** der Epik
409. **a.** »Die Perser«
410. **d.** Mark Twain
411. **a.** Wilhelm Tell
412. **c.** »Die Bürgschaft«
413. **d.** »Schuld und Sühne«
414. **a.** eine Fabel von Äsop
415. **c.** Hermann Hesse
416. **c.** Käfer
417. **c.** Lübeck

Musik

418. **d.** Compact Disc
419. **a.** Balalaika

420. **b.** Improvisation

421. **a.** gehend, schreitend

422. **c.** 440 Hz

423. **c.** Viertelnote

424. **b.** Johann Sebastian Bach

425. **c.** Salzburg

426. **c.** 1780 bis 1830

427. **c.** Georg Friedrich Händel

428. **d.** Wolfgang Amadeus Mozart

429. **b.** Beethovens 9. Symphonie

430. **d.** Eröffnung des Suezkanals

431. **a.** Franz Schubert

432. **b.** Griechenland

433. **a.** der ursprünglich fünfte Beatle

434. **b.** Louis Armstrong

435. **b.** Kurt Cobain von Nirvana

436. **c.** Bob Dylan

437. **a.** Queen

Kunst

438. **c.** die Zeusstatue in Olympia

Die anderen sieben Weltwunder waren die hängenden Gärten der Semiramis, der Koloss von Rhodos, das Mausoleum von Halikarnassos, der Leuchtturm von Pharos, die Pyramiden von Gizeh und der Artemistempel von Ephesos. Von diesen Bauwerken sind heute nur noch die Pyramiden von Gizeh erhalten.

439. **b.** Gizeh

440. **a.** Strebebögen machen lichtdurchflutende Fenster möglich.

441. **d.** Fresken

442. **b.** Holzschnitzer

443. **b.** Dresden

444. **a.** zur Renaissance

445. **c.** Rembrandt

446. **d.** Realismus

447. **c.** München
448. **b.** »Die Geburt der Venus«
449. **b.** Neuschwanstein
450. **c.** Vincent van Gogh
451. **a.** Der blaue Reiter
452. **a.** Kunstschule *Staatliches Bauhaus*
453. **b.** Gustav Klimt
454. **b.** 1937
455. **c.** Surrealismus
456. **b.** Otto Dix
457. **a.** Verhüllung des Reichstags mit Folie
458. **d.** Die Antworten b und c sind richtig.

Geowissenschaften

459. **b.** eine Längenangabe
460. **d.** 8 Minuten
461. **c.** rot
462. **a.** vor 13,7 Milliarden Jahren
463. **a.** Dunkle Materie
464. **c.** einen großen Stern, der explodiert
465. **b.** der dritte Planet

Die Reihenfolge der Planeten können Sie sich mit diesem Spruch merken: **M**ein **V**ater **Er**klärt **M**ir **J**eden **S**onntag **U**nseren **N**achthimmel (Merkur, Venus, Erde, Mars, Jupiter, Saturn, Uranus, Neptun). Hier ist schon berücksichtigt, dass der Pluto vor einigen Jahren den Planetenstatus verloren hat und nun als Zwergplanet gilt.

466. **a.** besteht aus einzelnen Platten, die wie Eisschollen aneinanderreiben
467. **c.** im Mesozoikum
468. **b.** Holozän
469. **c.** 7 Milliarden
470. **d.** elektrisch positiv geladen
471. **c.** Wasserstoff
472. **d.** Ozon
473. **d.** Genf

474. **b.** $E = m \cdot c^2$
475. **c.** stehen seit Urzeiten fest am Himmel
476. **b.** 10 Millionen Grad
477. **a.** der Mond zwischen Erde und Sonne
478. **a.** nur wenige hundert Meter
479. **c.** Meteor
480. **c.** Barometer
481. **b.** 21. Dezember
482. **b.** durch die Eigenrotation der Erde
483. **b.** gegen den Uhrzeigersinn
484. **b.** Greenwich
485. **c.** Passatwinde
486. **d.** an der Westküste Südamerikas
487. **a.** milde Sommer und milde Winter vorherrschen
488. **b.** Wassertröpfchen
489. **c.** im Uhrzeigersinn
490. **a.** Moskau
491. **c.** Malediven
492. **d.** Ottawa
493. **b.** Norwegen
494. **a.** semiarid
495. **c.** Rügen
496. **c.** Sachsen
497. **d.** Dresden

Biologie

498. **a.** flüssig zu fest
499. **a.** Vererbungslehre
500. **d.** Erbinformation
501. **b.** ein Eiweißbaustein
502. **a.** ist der Schutzschirm über der Atmosphäre, der schädliche Strahlung abhält
503. **c.** Stamm – Klasse – Ordnung – Familie – Gattung – Art

Es gibt für diese Einteilung viele Merksprüche, aber am einfachsten ist es immer noch, sich einfach die ersten Buchstaben zu merken »SKOFGA«.

504. **a.** ein Pilz, der mit einer Alge zusammenlebt
505. **c.** Gerste
506. **d.** Insekten (1 bis 2 Millionen Arten)
507. **a.** 50 000
508. **b.** über reichhaltige Futterquellen
509. **d.** Haut und Lunge
510. **d.** Winterschlaf
511. **b.** muss erlernt werden
512. **a.** Beutelsäugern
513. **a.** transportieren den Sauerstoff
514. **b.** Arterien
515. **d.** Hauptschlagader
516. **b.** Parodontose
517. **a.** Mund – Rachen – Speiseröhre – Magen – Dünndarm – Dickdarm
518. **c.** 8 Meter
519. **d.** Die Antworten b und c sind richtig.
520. **c.** chemisch oder elektrisch
521. **a.** Trommelfell
522. **b.** 400 bis 600 Millionen
523. **c.** schon vor der Geburt
524. **a.** die Wechseljahre
525. **c.** Hormone
526. **c.** ca. 200
527. **b.** die Hüfte
528. **c.** Leber
529. **d.** Karotinmangel
530. **a.** Malaria
531. **c.** Inkubationszeit

Physik und Chemie

532. **a.** violett
533. **b.** Abwärme

534. **a.** Isaac Newton
535. **a.** Prinzip der Gravitation (Schwerkraft)
536. **b.** Verdunstung
537. **c.** Weg pro Zeit
538. **d.** 36 000 Kilometer
539. **c.** Hertz
540. **c.** Stahl
541. **a.** Einfallswinkel ist gleich Ausfallswinkel.
542. **c.** Luft
543. **c.** Bronze
544. **a.** eine Emulsion
545. **d.** Die Antworten a und c sind richtig.
546. **c.** Kohlenstoff
547. **a.** Aminosäuren
548. **b.** Lipide
549. **a.** Gewinnung von Stickstoff zur Düngung
550. **c.** Schießpulver
551. **a.** Silber (Argentum)

Technologie und Mathematik

552. **c.** Sumerern
553. **c.** Victoria
554. **b.** Ferdinand Magellan
555. **a.** die explosive Verbrennung eines Luft-Gas-Gemischs
556. **c.** 1825
557. **c.** Troja
558. **a.** die Fließbandproduktion
559. **b.** 33 Prozent
560. **a.** die direkte Nutzung des Lichts
561. **d.** über der Tragfläche ein geringerer Druck herrscht als unter dem Flügel, da die Tragflächen oben stärker gewölbt sind. Es entsteht Auftrieb durch einen Sog.
562. **b.** Sputnik

Vielleicht ist Ihnen schon einmal der Begriff »Sputnikschock« zu Ohren gekommen. Dabei ging es nicht in erster Linie um diesen Satelliten, sondern darum, dass den Amerikanern nun bewusst war, dass die Russen mit ihren Raketen statt Satelliten Atombomben transportieren können und das statt ins All auch in die USA.

563. **c.** Juri Gagarin
564. **b.** dem Namen der griechischen Göttin Hygiéia
565. **b.** bakterielle Infektionskrankheiten
566. **a.** Kapstadt
567. **c.** Niere
568. **a.** 1858
569. **b.** das Telefon
570. **b.** MP3
571. **a.** von 10 bis 200 Kilometern
572. **c.** Pixel
573. **d.** des ersten programmierbaren Computers
574. **a.** Galileo
575. **c.** duale Zahlensystem

Dieses Zahlensystem, das nur aus 0 und 1 besteht, wird auch häufig Binärsystem oder Zweiersystem genannt.

576. **c.** 16
577. **a.** wenn aus einem Verhältnis zwischen drei Zahlen eine unbekannte Zahl berechnet werden soll
578. **b.** den Umfang eines Kreises
579. **a.** alle Winkel sind kleiner als 90 Grad
580. **b.** 4 (auch Vierflächner genannt)
581. **b.** Algebra
582. **b.** 2

Politik und Gesellschaft

583. **b.** Max Weber
584. **a.** »Utopia«
585. **d.** in der amerikanischen Unabhängigkeitserklärung

586. **b.** GmbH
587. **c.** die Stadt/die Gemeinschaft betreffend (polis = Stadt, Gemeinschaft)
588. **a.** Policy, **b.** Politics, **c.** Polity
589. **d.** Verhältnismäßigkeit
590. **c.** Bundestag und Länderparlamente
591. **c.** 1990 (am 3. Oktober 1990)
592. **b.** Frankreich
593. **a.** Saarland
594. **d.** Ernennung der Bundesminister
595. **a.** Abgeordnete einer Partei einigen sich darauf, einheitlich abzustimmen.
596. **b.** der Einwohnerzahl des Bundeslandes
597. **c.** 5 Jahre
598. **d.** Die Antworten a und b sind richtig.
599. **c.** Landtag
600. **d.** Die Antworten a, b und c sind richtig.
601. **a.** Exekutive
602. **a.** Lesungen
603. **b.** Bürgerentscheid
604. **b.** 193
605. **a.** Ban Ki-moon
606. **d.** Japan
607. **d.** Vereinigte Staaten von Amerika
608. **b.** WFP (World Food Programme)
609. **d.** Paris
610. **b.** Der Bundestag setzt den Bundeskanzler ab, indem er einen neuen Kanzler wählt.
611. **c.** 1. Januar 2002
612. **b.** Maastricht Vertrag
613. **d.** Die Antworten a und b sind richtig.
614. **b.** Slowenien
615. **b.** Exekutive

Wirtschaft und Recht

616. **c.** Zunft
617. **c.** Ludwig Ehrhard

618. **a.** ja, **b.** nein, **c.** ja, **d.** ja, **e.** nein
619. **b.** 30
620. **c.** 24. Oktober 1929
621. **a.** um Kapital anzusparen, um dem Risiko von Altersarmut zu begegnen
622. **b.** Genossenschaftsbanken
623. **a.** Versicherung
624. **d.** Welthandelsorganisation (WTO)
625. **a.** 0,7 Prozent
626. **b.** New Deal
627. **c.** Deflation
628. **a.** die Erhöhung der Preise bei gleichzeitigem Absinken der Kaufkraft
629. **a.** 7 Prozent
630. **a.** legal
631. **b.** Paragrafen
632. **b.** Mitarbeitervertretung
633. **b.** § 1 und § 20
634. **d.** Die Antworten a, b und c sind richtig.
635. **b.** Nettoeinkommen pro Tag des Verurteilten
636. **d.** Strafe wurde ausgesprochen und ist rechtskräftig.
637. **d.** Die Antworten a und b sind richtig.
638. **b.** Gerichtsvollzieher

Freizeit und Unterhaltung

639. **b.** die vier Jahre zwischen den Olympischen Spielen
640. **a.** Studenten der Universität Cambridge und zwar im Jahr 1848
641. **c.** Brasilien
642. **b.** Friedrich Ludwig Jahn
643. **b.** Schwimmen, Radfahren, Laufen
644. **c.** Ungarn
645. **a.** American Football
646. **d.** Luv

Für den Unterschied zwischen Luv und Lee gibt es zwei einfach Merksprüche: »Lee ist da, wo sich das Schiff hin*le*gt« und »Luv ist dort wo die *Luf*t herkommt«.

647. **c.** Gürtel
648. **d.** Golf
649. **a.** Internettagebuch
650. **a.** Ländersache
651. **a.** Arbeitsgemeinschaft der öffentlich-rechtlichen Rundfunkanstalten der Bundesrepublik Deutschland
652. **d.** 3 Stunden 40 Minuten
653. **b.** »Das Leben des Brian«
654. **c.** »2001: Odyssee im Weltraum«
655. **a.** Alfred Hitchcock
656. **c.** Marilyn Monroe
657. **b.** s. t. (sine tempore heißt »ohne Zeit«, was bedeutet, dass man pünktlich erscheinen soll, vor allem üblich an Universitäten)
658. **d.** Körpermasse durch Körpergröße zum Quadrat
659. **a.** Mittel- und Südasien
660. **c.** Pökeln (den zersetzenden Mikroorganismen wird durch das Pökelsalz das Wasser entzogen)
661. **b.** Andenregion Südamerikas
662. **d.** im Ofen gebacken
663. **c.** Vitamin B_{12} (Sauerkraut enthält allerdings auch Vitamin B_{12})
664. **c.** Schwarz
665. **d.** Mode à la Grecque
666. **a.** Haute Couture
667. **d.** 3

Antworten zu den schweren Fragen

Geschichte

668. **d.** Datierungsmethode anhand der Jahresringe von Bäumen
669. **c.** 117 u. Z. in der Regierungszeit von Kaiser Trajan (98 bis 117 u. Z.)
670. **c.** Toleranzedikt von Mailand
671. **b.** beginnt die Völkerwanderung
672. **a.** Odoaker, ein weströmischer Offizier germanischer Herkunft
673. **c.** Karolingern
674. **a.** sächsisches Adelsgeschlecht
675. **b.** die Ungarn
676. **b.** Dreifelderwirtschaft
677. **c.** von 1356 stellte eine Art Grundgesetz dar und sollte Kämpfe um den Thron verhindern
678. **b.** Jan Hus
679. **a.** eine Kalenderreform
680. **b.** Elisabeth I. von England zu stürzen
681. **c.** geschickte Heiratspolitik (*Bella gerant alii, tu, felix Austria, nube!* – Andre führen Krieg, du, glückliches Österreich, heirate!)
682. **b.** 2 (Anne Boleyn, Catherine Howard)

In England gibt es einen schönen Merkspruch für das Schicksal der Gattinnen Heinrichs VIII.: »Divorced, beheaded, died, divorced, beheaded, survived« oder auf Deutsch: »Geschieden, geköpft, gestorben, geschieden, geköpft, überlebt.« Die Reihenfolge stimmt übrigens.

683. **a.** Vertreter der evangelisch-lutherischen Reichsstände (Bekenntnisschrift der Reformatoren, verfasst auf dem Reichstag zu Augsburg)
684. **d.** Kardinal Richelieu
685. **d.** Schlesien an Preußen
686. **a.** ihren Ehemann
687. **b.** Siebenjähriger Krieg
688. **b.** gegen alle revolutionären und nationalstaatlichen Bewegungen vorzugehen
689. **c.** Österreich
690. **c.** gegen Ansprüche der römisch-katholischen Kirche

691. **b.** Sozialgesetzgebung
692. **c.** Schlacht vor Verdun (wurde zum Inbegriff des endlosen Stellungskriegs und der Materialschlacht)
693. **c.** 25
694. **c.** Der Hitler-Ludendorff-Putsch begann bereits am **8. November 1923**.
695. **c.** den Matrosenaufstand in Kiel
696. **b.** Ebert und Hindenburg
697. **d.** bis 2010
698. **a.** der Angriff auf die Sowjetunion 1941
699. **b.** Ermächtigungsgesetz
700. **a.** Wannseekonferenz
701. **d.** 1949
702. **b.** das Grundgesetz
703. **d.** keine diplomatischen Beziehungen zu Ländern, die die DDR anerkannten
704. **a.** Kubakrise
705. **c.** Élysée-Vertrag
706. **c.** Georg Kiesinger
707. **a.** Warschau
708. **b.** Guillaume-Affäre
709. **c.** Hans Martin Schleyer
710. **c.** 1983
711. **b.** Erich Honecker
712. **d.** Lothar de Maizière
713. **a.** Zwei-plus-Vier-Vertrag
714. **b.** Boris Jelzin
715. **c.** Kosovokrieg 1999

Religion und Philosophie

716. **a.** Urania, **b.** Thalia, **c.** Erato, **d.** Kalliope, **e.** Polyhymnia
717. **b.** Mehrere Götter existieren, unter ihnen ein höchster.
718. **c.** Isaak
719. **c.** Salomo
720. **d.** Jericho
721. **c.** Auswanderung Mohammeds von Mekka nach Medina

722. **d.** Sunniten
723. **d.** Ganesha
724. **a.** Punjab
725. **c.** sind Mitglieder einer nachislamischen Religion
726. **d.** Konfuzius
727. **d.** Mäßigung
728. **a.** die Sündhaftigkeit des Menschen
729. **c.** Heraklit
730. **b.** Sokrates – Platon – Aristoteles
731. **a.** »Ich weiß, dass ich nichts weiß.«
732. **b.** Epikureer
733. **b.** Säulenhalle in Athen
734. **a.** Scholastik
735. **b.** John Locke (Empirismus)
736. **a.** Leviathan
737. **b.** Gottfried Wilhelm Leibniz
738. **d.** ein Jammertal
739. **d.** Friedrich Nietzsche

Sprache und Literatur

740. **b.** Italienisch
741. **a.** in Italien
742. **d.** Portugiesisch
743. **d.** die von Bischof Wulfila übersetzte Bibel aus dem 4. Jahrhundert
744. **c.** Benrather Linie (von Düsseldorf nach Berlin), die Grenze zwischen dem Niederdeutschen und dem Hochdeutschen
745. **b.** Alexandriner
746. **a.** 1 Prozent
747. **b.** Hermann Hesse
748. **a.** Jean-Paul Sartre
749. **a.** Ovid
750. **b.** Kriemhild
751. **b.** stand bis 1962 auf dem »Index der verbotenen Bücher« der römischen Inquisition

752. **d.** Andreas Gryphius
753. **b.** Schnürboden
754. **b.** das Jahrhundert Voltaires
755. **c.** seine Füße auf einem Block Eis lagen und ihn der Duft von angefaulten Äpfeln umgab
756. **a.** »Die Prinzessin auf der Erbse«
757. **a.** Victor Hugo
758. **d.** Fjodor M. Dostojewski
759. **b.** Nachahmer
760. **c.** 28
761. **a.** die ohne jedes »A« auskam
762. **d.** Die Antworten a und c sind richtig.
763. **a.** Mary W. Shelley
764. **b.** Marlene Dietrich als »Der blaue Engel«
765. **c.** Bertold Brecht
766. **c.** Emil Nolde
767. **d.** Chile
768. **c.** Belgien

Musik

769. **d.** Musiklehre
770. **a.** Synkope
771. **b.** Gambe
772. **b.** Holzbläser

Die Einteilung von Holz- und Blechblasinstrumenten erfolgt nach der Art der Tonerzeugung und nicht nach dem Material, aus dem das Instrument hergestellt ist. So gibt es Holzblasinstrumente aus Metall und Blechblasinstrumente aus Holz.

773. **a.** Friedrich Nietzsche
774. **b.** ein lyrisches Gesangsstück mit viel Emotionalität
775. **d.** »L'Orfeo«
776. **c.** Orlando di Lasso
777. **b.** 1685 bis 1750 (die anderen Antworten sind die Geburtsdaten von Vivaldi, Gluck und Haydn)

778. **d.** Haydn
779. **c.** Clara Wieck
780. **a.** Tristan-Akkords (Akkord im 2. Takt der Oper »Tristan und Isolde«, der harmonisch nicht eindeutig einzuordnen ist)
781. **a.** Antonín Dvořák
782. **d.** »Orpheus in der Unterwelt«
783. **c.** Prosper Mérimée
784. **b.** Hector Berlioz
785. **d.** Edward Elgar
786. **b.** Arnold Schönberg
787. **c.** Berliner Philharmoniker
788. **b.** Elton John
789. **d.** »Waterloo«
790. **c.** John Coltrane
791. **a.** Radiohead

Kunst

792. **c.** Lascaux/Frankreich
793. **a.** Plastik
794. **b.** das »Book of Kells«
795. **a.** Bilderwand
796. **a.** Chartres
797. **c.** Wiederkehr
798. **b.** Michelangelo
799. **d.** Kreml
800. **b.** der Schiefe Turm von Suurhusen (Ostfriesland)
801. **a.** Antwerpen
802. **a.** Eugen Delacroix
803. **c.** Monet
804. **b.** Auguste Rodin
805. **c.** Caspar David Friedrich
806. **c.** Jugendstil
807. **a.** Giverny
808. **b.** arme und unterdrückte Menschen

809. **a.** »Der Schrei«
810. **b.** Paul Gauguin
811. **d.** Barcelona
812. **a.** »kopfüber« stehenden Bilder

Geowissenschaften

813. **a.** 9 Billionen Kilometer
814. **b.** verbrennt Wasserstoff zu Helium
815. **b.** im Karbon
816. **a.** Weichsel-Eiszeit
817. **b.** 1 Millionstel Millimeter
818. **c.** Kohlenhydrat
819. **b.** immer genau zwei Elektronen
820. **a.** zwei Pole – ähnlich wie ein Magnet
821. **b.** Kohlenstoff
822. **b.** 6
823. **c.** schwache Wechselwirkung
824. **a.** die Venus (als Morgen- und Abend»stern« kurz vor Sonnenauf- und -untergang gut sichtbar)
825. **b.** als Sonnenflecken sichtbar
826. **b.** 1 Zentimeter entspricht 500 Metern.
827. **a.** 0 Grad Norden, **b.** 90 Grad Osten, **c.** 180 Grad Süden, **d.** 270 Grad Westen
828. **c.** 23,5 Grad
829. **c.** 6000
830. **a.** der Anteil vom Sonnenlicht, der wieder ins Weltall zurückgestrahlt wird
831. **c.** eine Tiefdruckrinne
832. **d.** Landwinde
833. **c.** Wattküste
834. **d.** Elbe
835. **b.** Steppe
836. **a.** Richter
837. **c.** etwa 3 Kilometer (Schall braucht für jeden Kilometer etwa 3 Sekunden)
838. **c.** Marianengraben (Pazifik)
839. **b.** Sansibar

840. **a.** an der Südspitze Südafrikas
841. **d.** Mont Blanc

Trotzdem ist der Mont Blanc, obwohl häufig angenommen, nicht der höchste Berg Europas. Das ist der Elbrus im Kaukasus, der mit 5642 Metern gut 800 Meter höher ist als der Mont Blanc.

842. **d.** Rumänien
843. **a.** Arnis (Schleswig-Holstein)

Biologie

844. **b.** Chromosomen
845. **c.** vom Beginn einer Zellteilung bis zum Beginn der nächsten Zellteilung
846. **a.** der Holzstoff, der Bäumen ihre Stabilität verleiht
847. **b.** biegsam ist
848. **c.** Mandibeln
849. **b.** Fähe
850. **a.** Seitenlinienorgan
851. **b.** Verbrennung durch die Seewespe (eine der giftigsten Quallenarten der Erde)
852. **b.** ein Tier (Korallen gehören zu den Nesseltieren)
853. **d.** Fischen
854. **a.** Küstenseeschwalbe (von Grönland zur Antarktis und zurück sind es ca. 30 000 Kilometer)
855. **c.** Nestflüchtern
856. **d.** Labmagen
857. **a.** Er setzte 24 Wildkaninchen aus, um einer alten Leidenschaft nachzugehen – der Hasenjagd – und leitete damit eine Kaninchenplage ein, die sich über ganz Australien ausbreitete.
858. **b.** 72-mal
859. **b.** Hämoglobin
860. **d.** der Dünndarm
861. **d.** Die Antworten a und b sind korrekt.
862. **c.** Bewegungsvorgänge
863. **c.** der Gelbe Fleck
864. **b.** Steigbügel

865. **a.** 23
866. **c.** etwa 300
867. **c.** 2,5 Kilogramm
868. **c.** Erythrozyten produzieren
869. **b.** Aktivität des Ringmuskels
870. **d.** Sie wachsen etwa einen Millimeter pro Woche.
871. **b.** Eiweiß
872. **b.** Mumps

Physik und Chemie

873. **b.** –273,15 Grad Celsius (Metalle werden bei dieser Temperatur supraleitend)
874. **d.** 4 Grad Celsius (Anomalie des Wassers)
875. **c.** 3 bis 4 Kilowattstunden
876. **a.** Erstes Newton'sches Gesetz (Ein Gegenstand bleibt immer in der Bewegung, die er hat, bis eine Kraft auf ihn wirkt.)
877. **b.** Impulserhaltung
878. **d.** halbe Körpergröße
879. **c.** Edelgase
880. **a.** Kohlenstoff-14-Methode
881. **d.** Feststoffen und Flüssigkeit (zum Beispiel Schlamm)
882. **c.** in ihrer räumlichen Struktur (der eine ist links herum gedreht, der andere rechts herum)
883. **a.** nicht an einem Ende positiv und am anderen Ende negativ geladen sind
884. **a.** Knallgas-Reaktion (weil die Mischung beim Anzünden mit einem lauten Knall zur Explosion kommt)
885. **b.** Halbmetallen
886. **c.** flüssigen Elementen
887. **b.** Galilenium
888. **c.** 1063 Grad Celsius
889. **d.** Quecksilber
890. **a.** dünn gewalztes Zinn
891. **c.** nach einem Planeten (Uranus, der 7. Planet des Sonnensystems)

Technologie und Mathematik

892. **b.** Nikolaus Kopernikus

893. **c.** Chinesische Mauer (Länge nach neuesten Erhebungen 21 196,18 Kilometer, andere Messungen sagen ca. 6250 Kilometer)

894. **a.** der Stein von Rosetta (Ägypten), auf dem derselbe Text in Griechisch, Hieroglyphisch-ägyptisch und Demotisch (einer volkstümlichen Form der Hieroglyphen) geschrieben steht

895. **b.** in Paris

896. **d.** Kogge

897. **b.** aus der chemischen Energie des Brennstoffs

898. **c.** eine Stadtapotheke in Wiesloch, wo Bertha Benz 1888 bei ihrer ersten Ausflugstour (Wasch-)Benzin »nachtankte«

899. **a.** Kernspaltung

900. **b.** einen elektrischen Linearmotor

901. **b.** rund 7 Prozent

902. **a.** Erdwärme

903. **b.** Gebrüder Wright

904. **c.** 33 Stunden

905. **b.** ISO-Container

906. **c.** Ärmelkanaltunnel

907. **c.** Atlantis

908. **a.** 1847 in einer Wiener Klinik für Geburtshilfe

909. **a.** Tollwut

910. **d.** Alexander Flemming

911. **d.** in einer Schuhcremedose eingebaut und mit Harz vergossen

912. **a.** Hochfrequenzelektronik

913. **d.** Wilhelm Conrad Röntgen

914. **a.** aus den Ausscheidungen einer Schildlaus gewonnen

915. **b.** Heinrich Hertz 1886

916. **d.** Emil Berliner

917. **b.** Großbritannien (*One Penny Black* ist der Name der ersten Briefmarke, die 1840 für das Vereinigte Königreich herausgegeben wurde)

918. **a.** Den Haag, ein Fabrikant sendete dort fünf Jahre lang, vier Tage in der Woche ein Musikprogramm

919. **a.** einen Blick aus dem Arbeitszimmer in den Garten

920. **b.** das Hypertext Transfer Protocol (HTTP)
921. **c.** Ortsbestimmung durch Laufzeitmessung zwischen Satelliten und Empfänger
922. **a.** Versicherungen
923. **b.** Adam Riese
924. **d.** 3,141592
925. **c.** Hypotenuse
926. **a.** Differentialgeometrie
927. **d.** Zwanzigflächner (Vierflächner = Tetraeder, Achtflächner = Oktaeder, Zwölfflächner = Dodekaeder)

Politik und Gesellschaft

928. **c.** einen calvinistisch geprägten Protestantismus befördert
929. **a.** 1 Prozent
930. **b.** ohne Ort
931. **b.** Bertha von Suttner
932. **c.** Allgemeinen Menschenrechtserklärung der Vereinten Nationen
933. **b.** Niccolò Machiavelli
934. **d.** Keine der oben genannten Antworten ist richtig, a wird mit BetrVG, b mit BVerwG und c mit BVerfG abgekürzt.
935. **d.** 1957
936. **c.** Frankfurt/Main
937. **a.** personalisierten Verhältniswahl
938. **b.** ein Misstrauensvotum
939. **a.** Ministerium für Verkehr, Bau und Stadtentwicklung
940. **d.** Erster Bürgermeister
941. **c.** OD
942. **c.** Bundesoberbehörde
943. **b.** Konfuzius
944. **a.** Schweiz
945. **c.** 1973

Wirtschaft und Recht

946. **b.** Montanunion
947. **c.** Hilmar Kopper

948. **a.** ein Diebstahlschutz im Tauwerk der britischen Kriegsmarine (ein sogenannter Kennfaden, der in das Tauwerk eingeflochten war, also eine frühe Form des Markenschutzes)

949. **c.** umsatzstarke Unternehmen oder Kunden, aus deren Werten die Aktienindizes ermittelt werden

Im Kasino von Monte Carlo sind die blauen Jetons die mit dem höchsten Wert, daher der Begriff Blue Chips. Ich weiß, was Sie jetzt denken, aber … zu einfach.

950. **b.** Blumen: Anleger hatten zu extrem hohen Preisen Tulpenzwiebeln erworben, doch die einkalkulierten Käufer blieben bei der Zwiebelauktion aus.

951. **c.** Kredite an die öffentliche Hand vergeben

952. **d.** 3500 Tonnen

953. **a.** Kreditwürdigkeit

954. **b.** Schutz der inländischen Anbieter

955. **c.** Internationaler Währungsfonds (IWF)

956. **b.** Bruttoinlandsprodukt

957. **c.** New York Stock Exchange (im klassizistischen Gebäude von 1903 in der Wall Street Nummer 11 befindet sich ein Parkett von 33 mal 42 Metern)

958. **a.** Ägypten: Auf einem Papyrus aus dem Jahr 1159 v. u. Z. wird von der Arbeitsniederlegung von Arbeitern der Königsgräber von Theben unter Ramses III. berichtet.

959. **b.** nach 761 Jahren: Er war in einer Frage des religiösen Protokolls im Jahr 1205 anhängig gemacht geworden.

960. **b.** Gläubiger

961. **c.** 12 Zentimeter

962. **a.** aus dem Lateinischen für »aus der Hand gegeben« = *ex manu datum*

963. **c.** Aufruf der Sache – Anklagesatz – Vernehmung zur Sache – Beweisaufnahme

964. **a.** 5 Prozent vom Wert des Fundes

965. **d.** Apfelsaft-Paragraf

966. **c.** 540 000

967. **a.** Polyandrie

Freizeit und Unterhaltung

968. **a.** Peloponnes, einer Halbinsel in Griechenland
969. **b.** als das Christentum zur römischen Staatsreligion erklärt wurde (Griechenland war im Jahr 393 u. Z. römische Provinz)
970. **b.** »Abstaubertore« zu verhindern, da ein Spieler zu weit im gegnerischen Feld steht
971. **a.** 1792, das »Sporting Magazine« in England
972. **c.** Olympische Spiele 1920 in Antwerpen
973. **a.** Michael Phelps (18 Goldmedaillen, 22 Medaillen insgesamt)
974. **a.** nur unter 23-Jährige mitspielen
975. **c.** 1924 in Chamonix/Frankreich
976. **b.** Uruguay
977. **c.** 1963
978. **a.** Eddy Merckx
979. **c.** Curling
980. **c.** 1791 (im ersten Verfassungszusatz der amerikanischen Verfassung)
981. **a.** Rundfunkrat
982. **c.** 6000
983. **a.** Charlton Heston
984. **b.** Kate Winslet
985. **c.** »Vom Winde verweht«
986. **a.** »Citizen Kane«
987. **b.** James Dean
988. **d.** China
989. **c.** Weizen
990. **b.** Fenchel
991. **a.** breit (zum Beispiel in »Tagliatelle« für Bandnudeln)
992. **b.** Pasteurisierung (kurzzeitiges Erwärmen auf 60 bis 90 Grad Celsius)
993. **b.** Königin Margarethe von Italien (1851 bis 1926)
994. **c.** China
995. **d.** Martini
996. **b.** etwa 8 Gramm
997. **c.** 109,6 Liter
998. **d.** festliches Abendkleid für Damen, Frack für Herren
999. **a.** Purpurschnecke

1000. **c.** auf die Hosenmode (die Adeligen trugen Kniebundhosen, sogenannte »Culottes«, während die arbeitende Bevölkerung lange Hosen trug, also »keine Culottes/Sansculottes«)

Auswertung

Nun schlägt die Stunde der Wahrheit. Keine Sorge, ganz so dramatisch ist es nun auch wieder nicht. Aber es folgt die Auswertung. Diesen Teil müssen Sie eigentlich auch nicht lesen, Sie kennen ja Ihr Ergebnis und können selbst einschätzen, ob Sie so viel wissen wie Sie für nötig halten oder nicht. Wenn Sie aber sehen wollen, wo Sie im Vergleich zu anderen stehen (wir haben einen Testdurchlauf mit einer größeren Gruppe Personen gemacht), dann finden Sie hier Hilfe. Die Auswertung erfolgt nach Themen und dann noch einmal gesamt, so können Sie gezielt Ihre Stärken und Schwächen ermitteln und sich, warum auch immer es nötig sein sollte, gezielt vorbereiten.

Wir sind davon ausgegangen, dass Sie, auch wenn Sie die Antwort auf eine Frage nicht wussten, einfach das Ihnen am wahrscheinlichsten Erscheinende angekreuzt haben, d. h., Sie hätten bei jeweils vier Antworten statistisch ein Viertel der Fragen richtig beantwortet, auch wenn Sie nichts gewusst haben.

Geschichte

Geschichte ist ein weites Feld, und Antworten lassen sich hier schlecht erschließen, man muss sie einfach wissen. Auf der anderen Seite hat Geschichte aber auch den Vorteil, dass sie ein recht kommunikationsfreundliches Thema ist. Ein wenig weiß jeder, und man kann sich einfach gut darüber unterhalten. Eine Reihe Fragen waren auch schon sehr speziell, deshalb ist es hier gewiss keine Schande, wenn Sie hier einige nicht richtig beantworten konnten.

0 bis 45 Punkte

Geschichte ist offensichtlich nicht Ihr Ding. Das ist zwar schade, aber nicht weiter schlimm. Bei Geschichte ist es eben so, dass man sie entweder spannend findet oder nicht. Der Nutzen für das eigene Leben ist ja eher indirekt. Sollten Sie Interesse daran haben, Ihre Geschichtskenntnisse noch ein wenig aufzumöbeln, empfehle ich Ihnen, ein Werk zur Weltgeschichte zu lesen. Sie werden dort noch viel Interessantes lernen können und den einen oder anderen Zusammenhang verstehen lernen.

46 bis 85 Punkte

Sie kennen sich schon ein wenig in Geschichte aus. Sie können beim Geschichts-Small-Talk mitreden, vielleicht aber noch keine Gesprächsrunde lenken oder richtig auftrumpfen. Wenn Sie Ihre Geschichtskenntnisse noch weiterentwickeln wollen, dann sollten Sie eine Überblicksdarstellung zur Geschichte Europas und vielleicht noch ein Buch speziell zur deutschen Geschichte lesen.

86 bis 120 Punkte

Sie kennen sich in Geschichte schon gut aus und werden sich wohl in keiner Gesprächsrunde blamieren. Auch wenn es Bereiche gibt, in denen Sie sich auskennen und in denen Sie richtig glänzen können, ist nach oben aber immer noch Luft. Vielleicht können Sie aus der einen oder anderen Landesgeschichte, also beispielsweise einem Werk zur Geschichte Frankreichs, Englands usw. noch etwas lernen. Vielleicht helfen Ihnen auch Bücher weiter, die sich gezielt mit bestimmten Epochen beschäftigen, wie *Der taumelnde Kontinent* von Philipp Blom oder *Geschichte der römischen Kaiserzeit* von Karl Christ.

121 bis 134 Punkte

Sie sind ein Experte. Zumindest in der Geschichte müssen Sie keinen Allgemeinbildungstest fürchten und können in jeder Gesprächsrunde glänzen. Wo und wie Sie Ihr Wissen noch weiter auffrischen können, das wissen Sie schon selbst. Trauen Sie sich doch auch ruhig einmal an etwas exotischere Themen wie die Geschichte Asiens oder Afrikas. Auch hier gibt es sehr gute Bücher, wie zum Beispiel *Kongo: Eine Geschichte* von David Van Reybrouck.

Religion und Philosophie

Es ist natürlich schon widersprüchlich, diese beiden Themen zusammenzufassen, aber um eines der beiden Themen zu verstehen, hilft es, auch im anderen Bescheid zu wissen. Deshalb sind die Gebiete hier zusammengefasst.

0 bis 20 Punkte

Offensichtlich interessieren Sie sich nicht besonders für Religion und Philosophie. Wenn Sie Ihr Wissen hier etwas aufbessern wollen, dann nur zu. Schließlich gibt es viele Menschen, die sich für diese Bereiche interessieren und zumindest die Philosophie ist ein gutes Small-Talk-Thema. Ich empfehle Ihnen für das Gebiet der Religion *Religionen der Welt für Dummies* und für die Philosophie *Sophies Welt* von Jostein Gaarder.

21 bis 40 Punkte

Solide Grundkenntnisse scheinen Sie in diesen Gebieten zu haben. Das ist gut und verhindert auch, dass man hier und da in ein Fettnäpfen tritt. Aber Sie haben auch noch Luft nach oben. In der Religion werden Sie zu den meisten wichtigen Religionen einen Band in der *...für Dummies*-Reihe finden, aber es gibt auch noch Bücher von anderen Verlagen zu den unterschiedlichen Religionen. In der Philosophie könnte *Die philosophische Hintertreppe* von Wilhelm Weischedel für Sie interessant sein.

41 bis 56 Punkte

In Philosophie und Religion sind Sie fit. Das ist sehr schön für Sie und hier kann Ihnen keiner ein X für ein U vormachen. Eine gesunde Grundlage an Wissen haben Sie also, da werden Ihnen Überblicksdarstellungen zu einzelnen Religionen oder Philosophierichtungen nur noch bedingt weiterhelfen. Nutzen Sie doch Ihr Wissen, finden Sie heraus, was Sie besonders interessiert oder bewegt und gehen Sie ins Detail. Lesen Sie Texte zu einzelnen Philosophen oder von anerkannten Theologen. Hier kann man schlecht einzelne Werke empfehlen, weil Nutzen und Gefallen doch sehr von den Bedürfnissen des Einzelnen abhängen.

57 bis 62 Punkte

Super, Sie haben hier ein tolles Ergebnis erreicht. Was soll ich Ihnen noch zu diesem Thema raten oder sagen? Sie kennen sich ja selbst sehr gut aus und wissen bestimmt am besten, wo Sie sich noch gut informieren können. Ansonsten gilt das Gleiche wie bei der vorangegangenen Kategorie: Ihr Grundwissen ist so hoch, dass die Möglichkeiten, sich weiterzubilden, so speziell werden, dass Sie sie nach Ihren Bedürfnissen gestalten können. Da kann ich nicht mehr viel empfehlen, weil diese Bedürfnisse natürlich ganz individuell sind. Nur ein Tipp: Trauen Sie sich ruhig an die Originaltexte, es muss nicht immer Sekundärliteratur sein.

Sprache und Literatur

Allein die Tatsache, dass Sie sich dieses Buch gekauft haben, sagt ja schon über Sie aus, dass Sie generell nichts gegen Bücher haben. Aber wie sieht es mit Ihrem Grundwissen zu diesem Thema aus? Natürlich wird hier viel über Klassiker gefragt, über die einmal ein kluger Mann gesagt hat, dass sie jeder kennt, aber keiner liest.

0 bis 23 Punkte

Sehen wir das Positive: Es gibt noch viel für Sie in diesem Themengebiet zu lernen. Wenn Sie hier Ihr Wissen verbessern wollen, stellt sich noch die Frage nach dem Warum. Geht es eher um privates Interesse, würde ich Ihnen empfehlen, den einen oder anderen Roman zu lesen. Kunst zu genießen ist immer schöner als darüber zu lesen. Sie werden sehen, die Balladen von Goethe und Schiller sind spannend, Steinbecks und Hemingways Romane können unterhaltsam sein. Probieren Sie ruhig ein paar Bücher aus und finden Sie heraus, welche Art Bücher Sie interessiert. Sollten Sie schnell Ihr Wissen für einen Test auffrischen müssen, gibt Ihnen *Literatur!: Eine Reise durch die Welt der Bücher* von Katharina Mahrenholtz einen schnellen Überblick.

24 bis 44 Punkte

Sie verfügen über Grundwissen, das ist schon etwas wert. Sie sollten auf einer Vernissage zwischen den Canapés vielleicht keine Diskussion über das Frühwerk von Jean-Paul Sartre anfangen, aber für ein gehobenes Wirtshausgespräch reicht das allemal. Auch hier gilt: Am besten lesen Sie Bücher, die Ihnen gefallen oder die Ihnen empfohlen werden. Wenn Ihnen nichts einfällt, können Sie sich auch an irgendeinen Kanon der Literatur halten: Es gibt da einige, jeweils von Menschen herausgegeben, die sich dazu berufen fühlen. Um das Fachwissen noch etwas aufzumöbeln, könnte das *Metzler Lexikon Literatur: Begriffe und Definitionen hilfreich* sein. Das ist natürlich nichts zum Lesen, aber Sie können hin und wieder etwas nachschlagen, wenn Sie eine Wissenslücke haben. Die Informationen sind hier knapper und präziser als in den meisten Internetquellen.

45 bis 63 Punkte

Sie verfügen über fundiertes Wissen in Literatur und Sprache. Da es recht aufwendig ist, sich von gutem auf sehr gutes Wissen hochzuarbeiten, sollten Sie lesen, lesen, lesen. Das kostet zwar viel Zeit, aber Sie haben ja bestimmt schon die Erfahrung gemacht, wie viel Spaß Literatur machen kann. Vielleicht wäre es für Sie einmal an der Zeit, sich mit Literatur zu beschäftigen, die nicht so im Fokus der Öffentlichkeit steht; die Literatur Afrikas oder Asiens. Nicht ohne Grund gingen 2012 sowohl der Literaturnobelpreis wie auch der Friedenspreis des deutschen Buchhandels jeweils an einen Chinesen, und die Unterschiedlichkeit der beiden Herren zeigt die Vielschichtigkeit der dortigen Literatur. Bereits recht bekannt hierzulande ist der japanische Autor Haruki Murakami.

64 bis 70 Punkte

Ihr Wissen in diesem Gebiet ist sehr gut. Bewahren Sie sich die Freude am Lesen, weiter so!

Musik

Musik ist einfach eine schöne Sache. Die Frage ist, wie wichtig Wissen in einem Bereich ist, in dem es in erster Linie um Gefallen geht. Da kann man sich trefflich streiten, aber auf der anderen Seite ist es auch hier schön, wenn man mitreden kann. Ein Test ist eben ein Test und wenn Sie mehr wissen, können Sie vielleicht auch mehr genießen. Es gibt so viele Musiker und Komponisten, da hilft ein wenig Hintergrundwissen manchmal dabei, ein schönes Musikstück zu finden.

0 bis 22 Punkte

Offensichtlich interessieren Sie sich nicht für Musik, zumindest nicht für die Art Musik, nach der wir hier gefragt haben. Wenn Sie Ihr Wissen hier auffrischen wollen: Es gibt zu Klassik, Oper, Jazz und Blues Titel in der ... *für Dummies*-Reihe.

23 bis 41 Punkte

Offensichtlich haben Sie sich schon ein wenig mit Musik beschäftigt. Sie könnten aber noch etwas an Ihrem Wissen arbeiten. Für Sie könnte *Musiktheorie für Dummies* interessant sein oder auch *1001 Songs die Sie hören sollten, bevor das Leben vorbei ist* von Robert Dimery. Letzteres Buch widmet sich hauptsächlich moderner Musik.

42 bis 59 Punkte

Sie legen offensichtlich großen Wert auf Musik und haben da Ihr Wissen schon kultiviert. Gratulation dazu. Wenn Sie sich noch weiter informieren wollen, gibt es von Heyne Hardcore einige gute Titel zu Rockbands, wenn Sie sich eher für moderne »klassische« Musik interessieren, könnte Ihnen *The Rest is Noise: Das 20. Jahrhundert hören* von Alex Ross gefallen.

60 bis 66 Punkte

Sie haben wirklich ein sehr gutes und breites Musikwissen. Zu diesem Thema müssen Sie in keiner Umgebung das Gespräch scheuen. Wenn Sie sich noch weiter mit Musik beschäftigen wollen, könnte auch ein anderer Ansatz neurologischer Art interessant sein. Das erfolgreichste Buch in diesem Bereich ist *Der einarmige Pianist: Über Musik und das Gehirn* von Oliver Sacks.

Kunst

Unter Kunst haben wir hier zusammengefasst, was auch gerne mal »Bildende Kunst« genannt wird, also Malerei, Bildhauerei und so weiter. Die anderen Künste wie Musik, Literatur usw. finden Sie in anderen Kategorien. So waren die Fragen teilweise doch recht kniffelig, weil gerade die »Bildende Kunst« in unserer heutigen Medienlandschaft kaum stattfindet, das heißt, man begegnet ihr nach der Schule nur noch, wenn man sie gezielt sucht.

0 bis 20 Punkte

Sie scheinen sich nicht besonders für Kunst zu interessieren. Sollten Sie Ihr Kunstwissen noch ein wenig auffrischen wollen, dann könnte Ihnen *Kunst für Dummies* oder das stärker illustrierte *Kunst verstehen* von Maria Carla Prette helfen.

21 bis 38 Punkte

Sie kennen sich ein wenig mit Kunst aus. Kunst ist ja schließlich auch etwas Schönes oder sollte es zumindest in Teilen sein. Wenn Sie sich noch weiterbilden, wollen lesen Sie *Kunst. Die ganze Geschichte* von Stephen Farting.

39 bis 54 Punkte

Sie haben sich wohl schon mit Kunst beschäftigt und kennen sich da gut aus. Je nachdem was Ihnen gefällt, wäre das schöne und relativ günstige *Die Kunst der italienischen Renaissance*, herausgegeben von Rolf Toman, etwas für Sie.

55 bis 61 Punkte

Sie sind ja ein richtiger Kunstexperte, passen Sie bloß auf, dass Sie nicht irgendwann zum Kunstkritiker werden. Viel Spaß im Museum.

Geowissenschaften

Wenn irgendein Thema grundlegend ist, dann dieses. Hier wurde alles abgefragt, was rund um unseren Planeten und unser Sonnensystem wichtig ist. Die Bandbreite dessen, was Sie hier wissen mussten, war groß, aber ich hoffe, es hat Ihnen trotzdem Spaß gemacht.

0 bis 35 Punkte

Sie haben sich mit diesem Thema schwergetan. Das ist schade, denn in den Geowissenschaften gibt es viele sehr spannende Gebiete, auch wenn Sie sich nicht so für Naturwissenschaften interessieren. Interessant und leicht verständlich ist *Eine kurze Geschichte von fast allem* von Bill Bryson.

36 bis 68 Punkte

Sie verfügen über Grundkenntnisse auf diesem Gebiet, sollten sich aber vielleicht noch ein wenig zusätzlich informieren, wenn das Allgemeinwissen hier irgendwann für Sie von Bedeutung sein sollte. Ihnen könnte *Kosmologie für Fußgänger* von Harald Lesch, *Der Ursprung des Universums für Dummies* oder *Der bewegte Planet* von Richard Fortey weiterhelfen.

69 bis 97 Punkte

Ihre Kenntnisse in diesem Gebiet sind gut. Da können Sie bei der Breite des Themas richtig stolz auf sich sein. Wenn Sie sich noch etwas weiter informieren wollen, könnte Sie *Das Universum in der Nussschale* von Stephen Hawking interessieren oder *Geschichte der Erde* von Rolf Meissner.

98 bis 108 Punkte

Sie sind ein richtiger Experte rund um Erde und All. Vielleicht würde es Sie interessieren, sich dem Thema von einer abstrakteren Seite zu nähern. Da könnten Texte bekannter Physiker für Sie von Interesse sein, wie *Sie belieben wohl zu scherzen, Mr. Feynman!* von Richard Feynman oder *Mein Leben, meine Weltansicht: Die Autobiographie und das philosophische Testament* von Erwin Schrödinger.

Biologie

Biologie ist dem Wortsinn nach die Lehre vom Leben. Wenn man so will, geht sie also jeden von uns sehr existentiell etwas an. Da die Biologie sich Themen sehr umfassend widmet und auch in andere Gebiete hineinwirkt, nennt man sie heute auch Life Sciences (Lebenswissenschaften). Wir haben uns trotzdem für den noch etwas üblicheren Begriff »Biologie« entschieden.

0 bis 31 Punkte

Ihr Biologie-Wissen ist sehr lückenhaft. Aber nur Mut, es gibt viele Möglichkeiten, dieses Wissen aufzumöbeln, wenn Sie das wollen. Da gäbe es erst einmal Bände aus der ... *für Dummies*-Reihe, beispielsweise zu Anatomie, Biologie, Evolution und Genetik. Aber auch andere Verlage haben gute Einführungen in die Biologie wie *Biologie macchiato* von Norbert Hopf.

32 bis 60 Punkte

Das Wichtigste aus der Biologie wissen Sie schon, das ist gut. Aber Sie haben noch immer Lücken, an denen Sie arbeiten können. Auf diesem Niveau ist es schwer, Bücher zu finden, die Ihnen wirklich weiterhelfen, aber es gibt Ausgaben einiger Zeitschriften, die für Sie interessant sein könnten. Schauen Sie sich ruhig nach passenden Titeln von GEO, National Geographic oder P.M. um. Ein Buch, das Ihr Wissen nicht unbedingt testrelevant mehrt, aber sehr unterhaltsam ist, wäre *Die letzten ihrer Art* von Douglas Adams, dem Autor von *Per Anhalter durch die Galaxis*.

61 bis 86 Punkte

Sie haben ein äußerst respektables Biologie-Allgemeinwissen. Ihr Biolehrer wäre bestimmt stolz auf Sie. Für Sie könnte *Eine kurze Naturgeschichte des letzten Jahrtausends* von Josef Reichholf hilfreich sein, wenn Sie sich noch zusätzlich ein wenig informieren wollen.

87 bis 96 Punkte

Ihr Bio-Wissen ist prima, und einen Test in diesem Bereich müssen Sie ganz bestimmt nicht fürchten. Sie könnte *Der Superorganismus: Der Erfolg von Ameisen, Bienen, Wespen und Termiten* von Bert Hölldobler und Edward Wilson interessieren. Sehr amüsant ist *Bau und Leben der Rhinogradentia* von Harald Stümpke a. k. a Rolf Steiner. In diesem Buch wird sehr wissenschaftlich eine erfundene Ordnung von Säugetieren beschrieben.

Chemie und Physik

So sehr sich Physik und Chemie unterscheiden, eines haben sie gemein: Beide Themen rufen selten Begeisterungstürme herbei. Sie haben noch mehr gemein: Sie sind beide wichtig, auch als Grundlagenfach für viele andere Bereiche. Also wäre ein Grundwissen hier schon hilfreich, und es erleichtert die Beschäftigung mit Biologie, Pharmazie und ähnlichen Wissenschaften.

0 bis 18 Punkte

Sie haben in diesen Gebieten noch beträchtliche Lücken. Aber nur Mut, auch die können geschlossen werden. Für die Chemie bieten sich *Chemie für Dummies* oder, wenn Sie weniger Zeit haben, *Chemie für Ahnungslose* von Katherina Standhartinger an. Für die Physik *Physik für Dummies* oder *Physik macchiato* von Kamilla Herber. All diese Titel sind so gestaltet, dass die Inhalte nach Möglichkeit auch von Laien verstanden werden.

19 bis 33 Punkte

Grundkenntnisse in den beiden Gebieten kann man Ihnen nicht absprechen, aber das war es auch schon. Aber keine Sorge, es gibt viele Bücher, die Ihnen helfen können. Aus den in der Kategorie »0 bis 18 Punkte« erwähnten Titeln können Sie bestimmt auch noch das eine oder andere lernen. In den Reihen, denen diese

Titel entnommen sind, gibt es auch noch Veröffentlichungen zu spezifischeren Themen wie Organische Chemie, Mechanik oder Quantenphysik.

34 bis 50 Punkte

Sie verfügen über ein gesundes Allgemeinwissen in diesen beiden Naturwissenschaften. Dazu Gratulation, das ist nicht selbstverständlich. Wenn Sie Ihr Verständnis in diesem Bereich noch erweitern wollen, dann werden Sie sich auf einzelne Bereiche konzentrieren müssen. Eben dort, wo Ihre Schwächen liegen. Beim Buchhändler Ihres Vertrauens werden Sie entsprechende Bücher finden. Speziell für die Quantenphysik kann ich Ihnen *Schrödingers Kätzchen und die Suche nach der Wirklichkeit* von John Gribbin empfehlen.

51 bis 56 Punkte

Super, das haben Sie klasse gemacht. Es bleibt eigentlich nichts weiter zu empfehlen außer: Behalten Sie Ihre Freude an den Naturwissenschaften.

Technik und Mathematik

Auch ein Grundverständnis von Technik und Mathematik gehört unserer Meinung nach zur Allgemeinbildung. Der Bezug zur Lebenswirklichkeit ist hier sogar höher als bei Themen wie Geschichte oder Literatur, die man bei einem Test wie diesem eher vermutet. Deshalb hatten wir hierzu einige Fragen.

0 bis 36 Punkte

Sie sollten an Ihrem Verständnis von Mathematik und Technik arbeiten. Für die Mathematik empfehle ich Ihnen *Grundlagen der Mathematik für Dummies* oder *Mathematik* von Heinrich Hemme, für die Technik *Wie funktioniert das? Technik* von Ulrich Kilian.

37 bis 69 Punkte

Sie haben ausbaufähiges Grundwissen in diesem Bereich. Wenn Sie einen Allgemeinbildungstest bei einer Bewerbung machen müssen, sollten Sie in diesem Bereich noch ein wenig an Ihrem Wissen arbeiten. Ihnen wird bestimmt auch *Wie funktioniert das? Technik* weiterhelfen, hinsichtlich des historischen Aspekts könnte Sie *Die großen Erfinder der Weltgeschichte* von Hubert Weitensfelder weiterbringen. In der Mathematik könnte Ihnen *Rechnen mit dem Weltmeister* von Gert Mittring eine Hilfe sein.

70 bis 99 Punkte

Gratulation; Sie haben ein ordentliches Wissen in Technik und Mathematik. Das ist mindestens aller Ehren wert. Für den Fall, dass Sie sich trotzdem noch ein wenig in diesem Bereich verbessern wollen, dann wird das wohl eher zu sehr konkreten Themen erfolgen müssen. Sind Sie an Bionik interessiert, könnten Sie zum Beispiel zu *Erfindungen der Natur* von Zdenek Cerman, Wilhelm Barthlott und Jürgen Nieder greifen.

100 bis 111 Punkte

Sie sind ein richtiger Experte in Technik und Mathematik. Herzlichen Glückwunsch, mehr ist dazu eigentlich auch nicht mehr zu sagen.

Politik und Gesellschaft

Eine gute Allgemeinbildung in Politik ist beim Small Talk, auch wenn es sich um ein bisweilen vermintes Gebiet handelt, immer hilfreich. Die Fragen zielten eher auf das Fundament politischen Wissens, also den von der Tagespolitik unabhängigen Teil.

0 bis 24 Punkte

Politik und Gesellschaft interessieren Sie offensichtlich nicht besonders. Wenn Sie sich in diesem Bereich weiterbilden wollen, sollten Sie regelmäßig die Tageschau anschalten beziehungsweise eine Tageszeitung lesen.

25 bis 46 Punkte

Über Grundwissen in Politik und Gesellschaft verfügen Sie schon. Für einen Einstellungstest sollten Sie daran aber noch ein wenig arbeiten. Wenn Sie sich in diesem Bereich verbessern wollen, sollten Sie regelmäßig eine der großen Tageszeitungen wie FAZ, taz oder Süddeutsche Zeitung zur Hand nehmen. Auch wöchentlich erscheinende Publikationen wie »Der Spiegel« oder »Die Zeit« könnten Ihnen helfen. Teile der Inhalte können Sie auf der entsprechenden Homepage meist auch gratis lesen.

47 bis 65 Punkte

Ihre Allgemeinbildung in Politik ist grundsolide, Sie werden bei Wirtshausdiskussionen und Einstellungstest anständig abschneiden. Wenn Sie noch ein wenig fitter werden wollen, könnte der *dtv-Atlas Politik* etwas für Sie sein.

65 bis 73 Punkte

Klasse, Sie sind ein Politik-Experte. Für den Ausbau Ihres Wissens könnten Sie sich vielleicht den Klassikern widmen. Zusammengefasst finden Sie da einiges in den zwei Bänden *Klassiker des politischen Denkens,* herausgegeben von Hans Maier und Horst Denzer. Teilweise ist das recht harter Tobak, aber das schaffen Sie schon. Teilweise sind die Texte aber auch sehr gut verständlich.

Wirtschaft und Recht

Wirtschaft und Recht sind zwei Bereiche, mit denen man sich nicht unbedingt beschäftigen will, sich aber hin und wieder beschäftigen muss. Auch bei Einstellungstests ist Wissen aus diesem Bereich besonders wichtig.

0 bis 23 Punkte

Ihre Stärken liegen nicht auf dem Gebiet von Wirtschaft und Recht. Sie finden es wohl nicht besonders spannend. Wenn Sie die Notwendigkeit sehen, Ihr Wissen hier zu verbessern, empfehle ich Ihnen, regelmäßig den Wirtschaftsteil einer Tageszeitung und *Recht für Dummies* zu lesen.

24 bis 45 Punkte

Das Wichtigste zu diesem Thema wissen Sie schon, aber es könnte gerne noch ein wenig mehr sein. Besonders wenn Sie für einen Einstellungstest lernen. Für den Wirtschaftsbereich könnte Ihnen *Wirtschaft für Dummies* helfen oder etwas knapper und günstiger *Die Tagesschau erklärt die Wirtschaft: Das Wissensbuch* von Detlef Gürtler. Und das oben erwähnte *Recht für Dummies* kann Sie beim Wissensaufbau bestimmt auch noch unterstützen.

46 bis 64 Punkte

Ihr Wissen zu Recht und Wirtschaft ist grundsolide und genau genommen sogar noch etwas besser. Sie sollten bei einem entsprechenden Test eigentlich keine größeren Probleme haben, aber das hängt natürlich auch davon ab, wie die Kriterien vom Testnehmer gesetzt wurden. Sollten Sie Ihr Wissen noch ein wenig aufbessern wollen, dann empfehle ich Ihnen *Naked Economics* von Charles Wheelan.

65 bis 72 Punkte

In Wirtschaft und Recht sind Sie ein Spezialist. Dazu Gratulation. Wenn Sie sich noch weiter verbessern wollen, könnten Sie sich mit Wirtschaftstheoretikern beschäftigen. *Klassiker des ökonomischen Denkens: Von Platon bis John Maynard Keynes* von Joachim Starbatty liefert Ihnen da ein gutes Fundament, auf dem Sie danach gezielt aufbauen können.

Freizeit und Unterhaltung

Endlich mal ein Thema, das ausschließlich dem Spaß gewidmet ist. Aber auch hier schadet es nicht, wenn man sich ein wenig auskennt, zumal es die Möglichkeiten, Spaß zu haben, vergrößert: also ein Thema mit einem sehr großen lebenspraktischen Bezug.

0 bis 30 Punkte

Ihr Wissen rund um Freizeit und Unterhaltung ist recht übersichtlich. Das ist nicht tragisch, aber auch nicht schön. Für den Fall, dass Sie sich hier verbessern wollen, sollten Sie einschlägigen Zeitschriften wie kicker, CINEMA und Co. lesen.

31 bis 57 Punkte

Die schönen Dinge der Welt sind Ihnen auch in der Theorie nicht fremd. Schön. Wenn Sie noch etwas in dieser Richtung lesen wollen, könnte ich Ihnen *111 Gründe, das Kino zu lieben* von Jo Müller empfehlen und *Eine kurze Geschichte der alltäglichen Dinge* von Bill Bryson.

58 bis 81 Punkte

Sie kennen sich hier richtig gut aus, das ist schon klar gehobenes Wirtshausniveau. Ich denke, Weiterbildung sollte bei Ihnen eher durch Konsumieren als durch Lesen erfolgen.

82 bis 91 Punkte

Sie scheinen ein Spaß-Spezialist zu sein. Dazu herzlichen Glückwunsch, viel Spaß beim Essen, auf dem Fußballplatz oder im Kino.

Allgemeinbildung gesamt

Zu guter Letzt kommt natürlich noch die Gesamtauswertung. Im Ergebnis interessiert Sie die wahrscheinlich am meisten. Denken Sie daran, dass es aber auch sehr hilfreich sein kann, wenn Sie die einzelnen Bereiche auswerten, denn dann können Sie sich zielgerichteter verbessern. Wenn Sie generell an Ihrer Allgemeinbildung arbeiten wollen, ohne dabei in die Tiefe zu gehen, dann kann ich Ihnen *Allgemeinbildung für Dummies* empfehlen oder *Eine kurze Geschichte von fast allem* von Bill Bryson. Letztgenanntes Buch ist sehr amüsant, wenn Sie es noch nicht gelesen haben, werden Sie mit diesem Buch Ihren Spaß haben. Sollten Sie generell eine Schwäche in den Naturwissenschaften haben, hilft Ihnen *Die andere Bildung* von Ernst Peter Fischer, bei den Geisteswissenschaften *Bildung – Alles, was man wissen muß* von Dietrich Schwanitz.

0 bis 333 Punkte

Es könnte sich sehr für Sie lohnen, wenn Sie an Ihrer Allgemeinbildung arbeiten. Das gilt ganz besonders, wenn Sie einen Einstellungstest machen müssen. Am schnellsten werden Sie sich verbessern, wenn Sie eines der oben empfohlenen Allgemeinbildungsbücher lesen.

334 bis 500 Punkte

Sie haben das Grundwissen, das man unbedingt haben sollte. Für einen Einstellungstest sollten Sie sich schon noch etwas vorbereiten. Die oben erwähnten Bücher von Schwanitz und Fischer werden Ihnen dabei bestimmt helfen.

501 bis 750 Punkte

Sie nennen ein solides Allgemeinwissen Ihr Eigen und werden sich bei keiner Wirtshausdiskussion blamieren. Sollten Sie jedoch für einen Einstellungstest üben, dann denken Sie daran, dass die Erwartungen manchmal sehr hoch sind. Falls Sie es noch nicht gemacht haben, machen Sie doch die Auswertung für die einzelnen Themen und verbessern Sie Ihr Wissen dort, wo Sie schwächer abgeschnitten haben.

751 bis 900 Punkte

Ihre Allgemeinbildung ist beachtlich. Dazu Gratulation, denn das Ergebnis zeugt von Interesse an der Welt. Machen Sie weiter so. Wenn die Anforderungen eines Einstellungstests nicht extrem hoch sind, dann brauchen Sie diesen nicht fürchten.

901 bis 999 Punkte

Ihre Allgemeinbildung ist hervorragend und bewundernswert. So großer Allgemeinbildung kann ich nur meine tiefste Achtung aussprechen, denn wir hatten hier schon einige Fragen, die richtig kniffelig waren. Sollten Sie einen Einstellungstest machen müssen, können Sie ganz entspannt sein, solange es nicht um einen Harvard-Lehrstuhl für Allgemeinbildung geht.

1000 Punkte

Heutzutage geht man ja sehr inflationär mit dem Begriff Genie um, aber ich denke, Sie haben ihn verdient. Mehr traue ich mich nicht zu schreiben, ich kann mich hier nur durch einen unzulänglichen Text blamieren.

Die innere Ruhe finden – entspannter und bewusster leben

ISBN 978-3-527-70217-6

Ausgeglichen und voll innerer Ruhe würden alle gern leben. Macht dieser Wunsch den Buddhismus für viele so attraktiv? Leicht verständlich erläutern die Autoren die Grundlagen der fernöstlichen Lehre und beschreiben, wie man Buddhas Pfad in unserer hektischen Zeit folgen kann.

ISBN 978-3-527-70501-6

Was bringt Menschen dazu, stundenlang regungslos auf einem Kissen zu sitzen? Inken Prohl zeigt, warum das »Nichts« des Zen – keine Lehre und keine Antworten – gerade für westliche Sinnsuchende so attraktiv ist und wie die vollkommene innere Befreiung erreicht werden kann.

ISBN 978-3-527-70489-7

Dieses Buch ist ein Begleiter auf der Suche nach spirituellem Bewusstsein, Glück und innerem Gleichgewicht. Sharon Janis zeigt, wie Spiritualität das Leben bereichern kann und stellt spirituelle Praktiken wie Yoga, Meditation und Gebet vor, die dem Körper Energie verschaffen und den Geist fördern und erweitern. Inklusive CD mit spiritueller Musik.

ISBN 978-3-527-70350-0

Heilige Kühe, tausende Götter, weise Männer und der Glaube an das Rad der ewigen Wiederkehr: Johanna Buß führt die Leser in eine der ältesten Weltreligionen ein und erklärt, wie der Hinduismus alle Aspekte des indischen Alltags bestimmt.

Einblick in das Leben von Muslimen und deren heilige Schrift

ISBN 978-3-527-70215-2

Malcolm Clark erzählt spannend vom Leben des Religionsstifters Mohammed, berichtet von der historischen Entwicklung des Islam und zeigt dessen Beiträge in den Naturwissenschaften, in der Kunst und in der Architektur auf.

ISBN 978-3-527-70216-9

Was sagt die heilige Schrift der Muslime über den Glauben, über Frauen, die Familie und Andersgläubige? Sohaib Sultan berichtet leicht verständlich über die Entstehung des Koran, dessen Geschichte und Interpretationen und ebnet so Wege zum besseren Verständnis des Islam.

Nun sag, wie hast du's mit der Religion?

ISBN 978-3-527-70253-4

Stimmt das, was in der Bibel steht? Wer hat die Überlieferung verfasst? Und warum gelten viele Teile des Alten Testaments als schwer verständlich? In ihrem spannend geschriebenen Buch geben die Autoren Antworten auf diese und viele andere Fragen.

ISBN 978-3-527-70252-7

Wer kennt schon neben Eva, Maria und Maria Magdalena die anderen faszinierenden Frauengestalten der Bibel? Die Autoren stellen diese Frauen vor, setzen ihre Porträts in den historischen Kontext und erzählen auch von zu Unrecht in Vergessenheit geratenen Frauengestalten.

ISBN 978-3-527-70306-7

Fast die Hälfte aller Deutschen ist katholisch oder zumindest katholisch getauft. Aber woran genau glauben die Katholiken, wie unterscheiden sie sich von den Protestanten? »Katholizismus für Dummies« stellt den Lesern, ohne bekehren zu wollen, den katholischen Glauben vor.

Auf dieser Seite können Sie die Punkte, die Sie in den einzelnen Themengebieten erreicht haben eintragen. Die Auswertung finden Sie dann ab Seite 207.

Geschichte	
Leicht	
Mittel	
Schwer	
Gesamt	

Kunst	
Leicht	
Mittel	
Schwer	
Gesamt	

Religion und Philosophie	
Leicht	
Mittel	
Schwer	
Gesamt	

Geowissenschaften	
Leicht	
Mittel	
Schwer	
Gesamt	

Sprache und Literatur	
Leicht	
Mittel	
Schwer	
Gesamt	

Biologie	
Leicht	
Mittel	
Schwer	
Gesamt	

Musik	
Leicht	
Mittel	
Schwer	
Gesamt	

Chemie und Physik	
Leicht	
Mittel	
Schwer	
Gesamt	

Testbuch Allgemeinbildung für Dummies – Schummelseite

Technik und Mathematik	
Leicht	
Mittel	
Schwer	
Gesamt	

Politik und Gesellschaft	
Leicht	
Mittel	
Schwer	
Gesamt	

Wirtschaft und Recht	
Leicht	
Mittel	
Schwer	
Gesamt	

Freizeit und Unterhaltung	
Leicht	
Mittel	
Schwer	
Gesamt	

Allgemeinwissen gesamt	
Geschichte	
Religion und Philosophie	
Sprache und Literatur	
Musik	
Kunst	
Geowissenschaften	
Biologie	
Chemie und Physik	
Technik und Mathematik	
Politik und Gesellschaft	
Wirtschaft und Recht	
Freizeit und Unterhaltung	
Gesamt	